以案说法

50个职务犯罪疑难问题解析

本书编写组◎编

中国方正出版社

目　录 Contents

1. 牵连犯与吸收犯解析

典型案例

案例一 田某，中共党员，某国有石油器械制造公司经理。2016 年 5 月，田某为了贪污公款，虚开 45 万元石油配件原材料发票（非增值税发票），在单位报销后，将该款非法占有。

案例二 张某，中共党员，某国有公司生产部主任。李某，中共党员，该公司经理。2016 年 3 月，李某让张某弄一张电力安装的发票，张某应允。张某伪造了一张 45 万元某电力安装公司普通发票，并在发票上伪造了该公司印章。李某用该发票在单位报销了 45 万元非法占为己有，对张某私刻印章伪造发票事宜并不知情（李某案件另案处理）。

处理意见

案例一中，田某利用职务上的便利，虚开发票，以骗取的手段非法占有公款。依据《关于办理贪污贿赂刑事案件适用法律若干问题的解释》第一条和《关于公安机关管辖的刑事案件立案追诉标准的规定（二）》，虚开发票“一百份以上或者票面额累计在四十万元以上的，应予立案追诉”之规定，田某涉嫌虚开发票犯罪，涉嫌贪污犯罪，此虚开发票行为与贪污行为属于牵连关系，依据牵连关系的处断原则，从一重从重处罚。即以贪污罪处断。依据《党纪处分条例》第二十七条、监察法第四十五条的规定，追究田某的党纪政务责任，将田某涉嫌贪污犯罪问题移送人民检察院依法审查，提起公诉。

案例二中，张某涉嫌伪造印章犯罪和伪造发票犯罪。张某私刻公司印章行为与伪造发票行为是吸收关系，依照伪造发票行为处断。依据《党纪处分条例》第二十七条、监察法第四十五条的规定，追究张某的党纪政务责任。另外，因张某涉嫌伪造发票犯罪属于公安机关管辖，应将张某涉嫌犯罪问题移送公安机关依法处理。

评析意见

纪委监委审查调查人员对上述两个案件的定性归责无分歧，只是对牵连犯、吸收犯的相关要件、处断原则容易产生误区，笔者就此解析如下：

一、牵连犯的解析

牵连犯，是指以实施某一犯罪为目的，其方法行为或结果行为又触犯其他罪名的犯罪形态。譬如，田某以虚开发票的方法（方法行为）贪污公款（目的行为），分别触犯了虚开发票罪和贪污罪，是典型的牵连犯。

1. 牵连犯的要件

（1）牵连犯是以实施一个犯罪为目的。实施的这一行为属于牵连犯本罪。牵连犯是为了实施某一犯罪，其方法行为或结果行为，又构成另一独立的犯罪，属于牵连犯他罪。牵连犯本罪是一个犯罪，他罪依附本罪而成立。

（2）牵连犯必须有两个以上的行为。牵连犯的数个行为存在两种情况：一是目的行为与方法行为（手段行为）。二是原因行为与结果行为。目的行为、原因行为是就本罪而论，当与方法行为相对应时，称目的行为，当与结果行为相对应时，称原因行为。这里的方法行为，不是方法；结果行为，不是结果。方法行为，是指为了本罪的实行而实施的行为。譬如为了贪污公款虚开发票，贪污公款是目的行为；虚开发票就是方法行为。结果行为，是指本罪行为实行后因本罪而实施的行为。

（3）牵连犯数个行为之间具有牵连关系。如何认定有无牵连关系，笔者认为本罪与方法行为或结果行为的牵连关系，应当从主客观两方面考量，行为人在主观上具有牵连的意思，在客观上具有方法行为、手段行为或结果关系。

(4) 牵连犯数个行为必须触犯不同罪名。即牵连犯以实施某一犯罪为目的，其方法行为或结果行为又触犯了其他罪名。如果触犯与本罪相同的罪名，不构成牵连犯。

2. 牵连犯的处断原则

如何处断牵连犯，刑法总则未规定。从刑法理论与审查调查实践看，笔者认为，应当按照牵连关系中最重的一个罪从重处罚，即“从一重从重处罚”。按照一重罪从重处罚，符合罪刑相适应原则。

但需要说明的是，刑法分则对某些具体犯罪牵连犯的处断作了特别规定，有规定从一重罪处罚的，有规定从一重罪从重处罚的，有规定实行数罪并罚的。刑法分则条款对处断牵连犯作特别规定的，按照刑法分则相关条款的规定处断。如果刑法分则规定实行数罪并罚，应依据规定，实行数罪并罚。

二、吸收犯的解析

吸收犯，是指数个犯罪行为，其中一个犯罪行为吸收其他犯罪行为，仅成立吸收犯罪行为一个罪名的犯罪形态。譬如，案例二中张某伪造印章和伪造发票行为，前一犯罪行为被后一犯罪行为吸收。

1. 吸收犯的要件

(1) 吸收犯必须具有数个犯罪行为。如果无数个行为，不存在吸收犯。吸收犯数个行为必须都是犯罪行为，每个行为都符合刑法规定的犯罪构成。如果数个行为中一个是犯罪行为，其他是违法行为，不构成吸收犯。吸收犯是数个犯罪行为，这是吸收犯与想象竞合犯的重要区别。想象竞合犯是一行为触犯数罪名，而吸收犯则是数行为触犯数罪名。

（2）吸收犯数个行为之间具有吸收关系。吸收，是指一个行为容纳其他行为，只成立一个行为构成的犯罪，其他行为构成的犯罪失去存在的意义，不再予以定罪。之所以存在吸收，是因为这些犯罪行为之间存在着密切联系，前一犯罪行为是后一犯罪行为发展的必然历经阶段，后一犯罪行为是前一犯罪行为发展的必然结果，或者在这一流程中具有其他密切关系。

在刑法理论上，存在三种吸收关系：一是重行为吸收轻行为。行为轻重，是根据行为的性质区分。二是实行行为吸收预备行为。预备行为是实行行为的先行阶段，许多犯罪是经过预备然后转入实行行为。预备行为为实行行为所吸收，依实行行为所构成的犯罪定罪。三是主行为吸收从行为。主行为吸收从行为，是指根据共同犯罪人在共同犯罪中的分工和作用区分的。将共犯分为共同正犯、教唆犯、从犯（帮助犯）的情况下，如果先教唆或帮助他人犯罪，随后又参与共同实行犯罪，其教唆行为或帮助行为，应为共同实行行为所吸收。先教唆他人犯罪，随后又帮助他人犯罪，其帮助行为应为教唆行为所吸收。

2. 吸收犯的处断原则

对吸收犯，依照吸收行为所构成的犯罪处断，不实行数罪并罚。

（刘　晋）

（原载于《中国纪检监察报》2018 年 9 月 19 日）

2. 连续犯与继续犯解析

典型案例

案例一 角某，中共党员，某市所辖 A 县县长。2016 年 4 月，角某为 B 房地产开发公司在土地出让及相关政策等方面给予关照，2017 年春节、中秋、国庆和 2018 年元旦期间四次共收受该公司经理李某 60 万元。2018 年 4 月，市纪委监委对角某涉嫌受贿犯罪问题立案审查调查。

案例二 范某，中共党员，某村委会主任。2017 年 6 月，范某在向村民刘某索要 10 万元欠款时，刘某说，你放高利贷（年利率 40%），不还又能如何。范某就将刘某拘禁在自己家地下室三天。事后，刘某到公安机关举报。

处理意见

案例一中，角某利用职务上的便利，为他人谋取利益，非法收受他人财物，依据最高人民检察院《关于办理贪污贿赂刑事案件适用法律若干问题的解释》第一条、第十五条的规定，角某涉嫌受贿犯罪问题，依据《党纪处分条例》第二十七条、监察法第四十五条的规定，追究角某的党纪政务责任。

案例二中，范某属于索债型非法拘禁行为，是典型的非法拘禁继续犯，范某涉嫌非法拘禁犯罪问题。依据《最高人民法院关于对为索取法律不予保护的债务非法拘禁他人行为如何定罪问题的解释》规定，行为人为索取高利贷、赌债等法律不予保护的债务，非法扣押、拘禁他人的，依照刑法第二百三十八条的规定定罪处罚。即按非法拘禁罪定罪处罚。同时范某违反 2015 年最高人民法院《关于审理民间借贷案件适用法律若干问题的规定》的规定，放债利率超过年利率 36%，属于违法行为。依据《党纪处分条例》第二十七条、第二十九条的规定，追究范某的党纪责任，依据监察法第九条的规定，监察机关依法向有关机关提出监察建议，依法定程序罢免范某村委会主任职务。关于范某涉嫌非法拘禁犯罪问题，移送公安机关依法处理。

评析意见

审查调查人员对上述两个案件的定性归责无异议，就是对连续犯和继续犯的区别、相关要件、处断原则及与其他有关罪数形态的区别容易产生误区，笔者就此解析如下：

一、连续犯的解析

连续犯，是指基于同一或者概括的犯罪故意，连续实施性质相同的独立成罪的数个行为，触犯同一罪名的犯罪形态。案例一中，角某实施连续受贿行为，属于受贿罪连续犯。

1. 连续犯的要件

（1）连续犯必须是实施性质相同的独立成罪的数个行为。未实施数个行为，只实施一个行为的，不构成连续犯。如果行为人以数个动作完成犯罪，而数个动作形成的是一个犯罪行为，不构成连续犯，构成接续犯。数个行为必须是独立成罪的，即各个行为都独立具备犯罪构成要件，构成连续犯。如果刑法规定数个行为作为一罪论处，构成集合犯。并且数个行为还必须是性质相同的行为，如果实施的数个行为性质不同，不构成连续犯。

（2）连续犯实施的数个犯罪行为，必须是基于同一的或概括的犯罪故意。同一的犯罪故意，指行为人预计实施数次同一犯罪的故意，每次实施的具体犯罪都明确地包含在行为人的故意内容之中。概括的犯罪故意，指行为人概括地具有实施数次同一犯罪的故意，每次实施的具体犯罪并非都是明确地包含在行为人的故意内容之中。

（3）连续犯数个行为必须具有连续性。如果不具有连续性，只能构成独立的数罪，不构成连续犯。如何理解数个行为的连续性？笔者认为，应当以行为人主客观条件的统一为标准。行为人有同一的或概括的犯罪故意，但客观上并未实施数个犯罪行为或实施的数个犯罪行为不具有连续性，就不构成连续犯。行为人实施了性质相同的数个犯罪行为，但主观上缺乏实施数罪的同一的或概括的犯罪故意，也不构成连续犯。连续犯时间上的连续性，是数个犯罪行为在时间上没有发生前后被隔断的情况。

（4）连续犯数个行为必须触犯同一罪名。笔者认为，同一罪名应以具体犯罪中基本犯的犯罪构成为标准来认定，只要行为符合同一基本犯罪构成的，即为触犯同一罪名。实践中应把握以下几点：一是数个行为中有的与具体犯罪的基本构成相符合。有的与由该基本构成派生的构成即加重或减轻的构成相符合，亦成立同一罪名。二是数个行为中有的与具体犯罪的基本构成相符合，有的与该基本构成的修正构成即共犯或犯罪停止形态的构成相符合，也是触犯同一罪名。此外，刑法有些条款中明文规定依照某某罪“定罪处罚”，此情况也应成立同一罪名。

2. 连续犯的处断原则

连续犯按照一罪处断，不实行数罪并罚。应当依据刑法的有关规定分别从重处罚或者加重处罚。

二、继续犯的解析

继续犯（也称持续犯），是指作用于同一对象的一个犯罪行为从着手实行到行为终了，犯罪行为与不法状态在一定时间内同时处于继续状态的犯罪。索债型非法拘禁罪，是行为人以索取债务为目的，以拘留、禁闭或者其他方法故意非法剥夺他人人身自由的行为。案例二中范某属于索债型非法拘禁行为，是典型的非法拘禁继续犯。

1. 继续犯的要件

（1）继续犯是一个犯罪行为。在主观上继续犯支配行为的犯意只有一个，这种犯意存在于实行行为的开始至终了，在客观上继续犯自始至终只有一个实行行为，行为地发生变化，仍是一个实行行为。继续犯通常由作为构成，也有由不作为构成继续犯的情况，譬如，遗弃罪的遗弃，即负有扶养义务而拒绝扶养，就是不作为。

（2）继续犯是持续地作用于同一对象。持续作用的对象只能是同一对象。如果不是出于一个非法拘禁的概括故意，则构成数个非法拘禁罪。

（3）继续犯是犯罪行为与不法状态同时继续。该要件需要把握的是，犯罪行为和犯罪行为所引起的不法状态必须同时处于持续的过程中。如果只是犯罪行为所造成的不法状态处于持续之中，而犯罪行为一经实行即已完成，并不处于继续状态，就不是继续犯。

（4）继续犯是从着手实行到行为终了继续一定时间。即有时间上的持续性。

2. 继续犯与有关罪数形态的区别

（1）继续犯与状态犯的区别。状态犯，是指犯罪既遂后，其实行行为所造成的不法状态处于持续之中的犯罪形态。继续犯是犯罪行为与不法状态同时继续；状态犯则只是不法状态的继续，而不存在犯罪行为的继续。譬如盗窃犯占有赃物，只是不法状态的继续，而盗窃行为已经结束，这是状态犯。

（2）继续犯与接续犯的区别。接续犯，是指行为人在同一机会以性质相同的数个动作接连不断地完成一个犯罪行为的犯罪形态。譬如，行为人经多次下毒后致被害人死亡。这是杀人接续犯。接续犯与继续犯的区别：接续犯是数个相同的动作组成一个犯罪行为，但没有犯罪行为和不法状态的同时继续；而继续犯则是犯罪行为和不法状态同时处于持续之中。

3. 继续犯的处断原则

刑法分则对继续犯的犯罪设具体条款给予规定，并规定相应的法定刑。继续犯应依刑法规定以一罪论处，不实行数罪并罚，继续时间的长短可作量刑情节给予考虑。

（刘　晋）

（原载于《中国纪检监察报》2018 年 9 月 12 日）

3. 共同犯罪中犯意联络的认定

典型案例

甲某，A县社保局养老保险科工作人员，负责办理养老保险业务及补保补缴业务；乙某，A县社保局司机，与甲某交好；丙某，A县社保局劳动监察大队工作人员。

2013年4月，丙某听说通过乙某能够在不足额缴纳养老保险费的情况下为参保人员办理养老保险补保补缴业务，就找到乙某表示以后介绍参保人员给乙某，请乙某帮忙办理养老保险并给予“优惠”。乙某表示要考虑一下。随后乙某征求甲某的意见（乙某与甲某之前已经多次共同贪污参保人员所交的养老保险费），甲某觉得丙某为人不稳重，不想与丙某合作，但是没有明确要求乙某拒绝丙某。后乙某同意丙某所请，并达成约定。2013年4月至2016年11月，丙某先后联系多名参保人员并收取本应缴纳至社保部门指定银行账户的养老保险费共计120余万元，按照与乙某的事先约定将养老保险费的80%部分及相关材料交给乙某，该款被乙某与甲某平分，并由甲某利用职务便利采取虚假记账等手段为参保人员办理养老保险相关业务。业务办好后甲某把养老保险手册交给乙某，乙某再交给丙某，不提供发票。

由于乙某本身没有办理养老保险业务的职权，丙某起初猜测乙某是通过甲某办理业务，后来发现养老保险手册经办人一栏盖有甲某的个人印章，内心确定乙某是通过甲某办理业务。另一方面，甲某虽然不愿意与丙某合作，但是当乙某一次次把相关参保人员的资料拿给他让他办理时，对于这些参保人员中有部分是丙某介绍而来的心知肚明，特别是当甲某发现有多名参保人员户籍地址是丙某的老家时，更加确信这一点。

处理意见

对于甲乙二人是贪污共犯没有争议，本案的争议焦点是丙某与甲某是否构成贪污共犯关系。

第一种意见认为：丙某的行为应认定为诈骗罪。丙某从来没有与甲某就作案对接、商议过，不是共犯关系，丙某为谋利联系参保人员，并采取欺骗的手段侵吞20%的养老保险费，对此行为单独评价为诈骗罪并无不妥。另外，在相同的犯罪数额下，根据现行相关司法解释，诈骗罪的量刑重于贪污罪，将丙某的行为认定为诈骗罪亦符合刑法从一重罪处断的原则，能够做到罪刑相适应。

第二种意见认为：对本案应当整体考量，在办理丙某介绍的参保业务中，甲乙丙三人的行为应当认定为是一个互相配合、互有分工的共同犯罪关系，其中丙某与甲某之间有犯意联络，构成贪污共犯关系。

评析意见

笔者倾向于第二种意见。刑法第二十五条规定，共同犯罪是指二人以上共同故意犯罪。这一定义给出了共同犯罪的三个要件：（1）二人以上；（2）共同的犯罪故意；（3）共同的犯罪行为。大部分共同犯罪都是通过共同商议实施的，彼此间的犯意沟通很明确，但是就本案而言，丙某与甲某从未就贪污作案商议过，彼此之间是否具有犯意联络成了一个问题。笔者现围绕上述共同犯罪的要件，结合本案案情并侧重于犯意联络的认定阐述如下：

一、丙某和甲某互相之间已经形成犯意联络，具有共同犯罪故意

判断是否具有共同犯罪故意，关键的一点就是行为人之间是否存在犯意联络。共同犯罪的犯意联络是指各行为人关于相互协同实施特定犯罪行为的意思沟通，这种意思沟通可以采用明示或者默示的方式进行，其实质上是指各行为人共同实施特定犯罪行为的“合意”。

本案中，丙某虽然从来没有跟甲某就办理养老保险业务明确商议过，但他通过乙某与甲某的私交关系以及养老保险手册经办人一栏的甲某个人印章，确定乙某是通过甲某的职务便利违规办理养老保险相关业务，丙某意识到除了乙某之外，至少还有甲某在一起协同作案。另一方面，甲某在接收乙某交来的参保人员资料时，虽然乙某没有告知，但他意识到部分参保人员是丙某介绍来的，出于侵吞养老保险费的目的，他没有拒绝办理，也就是说甲某意识到在部分贪污作案中与丙某协同作案，互相配合、互有分工。几年间，丙某与乙某、甲某已经形成长期、稳定、默契的合作关系，丙某和甲某互相之间都意识到了彼此的存在，双方形成了犯意联络，具有共同犯罪故意。

二、在形成犯意联络、具有共同犯罪故意的情形下，丙某与甲某共同实施了犯罪行为

在本案中，丙某与甲某互相配合，互有分工，丙某负责联系参保人员，收取养老保险费并从中截留 20%后将余款交给乙某，其行为在共同犯罪活动中属于帮助行为，是共犯中的帮助犯。甲某利用其职务便利违规为参保人员办理补保补缴业务，采取收入不入账等手段侵吞养老保险费，其行为是典型的贪污行为。基于丙某与甲某的分工和角色不同，他们的犯罪行为虽不相同，但是在形成犯意联络的情况下，他们彼此的行为都是共同犯罪的一部分，最终形成贪污犯罪整体。

三、认定犯意联络需要注意的问题

个案中，如果需要运用共犯理论中的犯意联络来认定是否构成共犯，那么此案中行为人之间的共同犯罪故意一般是不明显的，在办案过程中需要注意两个问题：

第一，认定犯意联络不能想当然，要凭证据说话。在办案过程中不能主观推定，一定要通过缜密的讯问把行为人之间的犯意联络通过本人的供述展现出来。以本案为例，当丙某在供述中承认他知道乙某是通过甲某违规办理养老保险业务时，需要进一步追问他是怎么知道的，当丙某从甲乙二人的私交以及养老保险手册经办人一栏盖有甲某的私章来予以判断时，丙某的主观认知就挖掘出来了。

第二，认定行为人之间具有犯意联络，双方具有概括性认知即可。即行为人对于知晓对方的存在、意识到彼此在共同作案这一点上具有概括性的认知即可。例如在本案中，甲某认为他违规办理的养老保险业务中，有一部分是丙某介绍来的，甲某能够有这种概括性的认识就可以了，并不需要甲某肯定地指出哪一笔业务是丙某介绍的。如果让甲某把丙某介绍的参保人员一一指出来，既不符合本案的客观事实，也违背常识。

（金　坤）

（原载于《中国纪检监察报》2019 年 5 月 8 日）

4. 渎职犯罪中因果关系的认定

典型案例

赖某，中共党员，某区人力社保局党组副书记、局长。2015 年，赖某明知辖区 J 公司安置的下岗职工数未达到减免企业营业税的标准（根据当地规定，下岗失业人员占职工总数 60%以上的企业，可获得税费减免），仍帮助 J 公司伪造了职工失业证 47 份，使该公司满足了减免税费的条件。其后，税务机关免征了 J 公司 2014—2015 年度的营业税及附加税费共计 225 万元。另查明，如果按照 J 公司申报减免时的标准给予税费减免，则实际应当减免税费 55 万元。但税务机关工作人员在具体办理的过程中，收受贿赂，徇私舞弊，故意按照已失效的、较高的标准核定税费减免金额，致使 J 公司的税费减免额度达 225 万元。

处理意见

上例中，对于赖某构成滥用职权罪不存在争议。但对于赖某的滥用职权行为与多少损失额之间存在刑法上的因果关系，却争议较大。主要有以下两种意见：

第一种意见认为：赖某的滥用职权行为与225万元的经济损失之间具有刑法上的因果关系。理由是，下岗人员占比是企业申请减免税费的唯一条件，没有赖某帮助伪造失业证的行为，就没有税费被骗的后果。赖某的行为是后果的必要条件且起关键作用，据此应当认定赖某对225万元的经济损失负责。

第二种意见认为：赖某的滥用职权行为仅与55万元的经济损失之间具有刑法上的因果关系，其不应当对超出的金额负责。理由是，赖某的行为虽然是225万元税费被骗取的必要条件，但超标准违规减免税费是税务机关渎职行为的直接后果，因此，将正当标准以外的违规减免税费的金额归咎于赖某的行为不具有合理性。

评析意见

笔者同意第二种意见。现结合上例，对如何在实践中认定渎职犯罪中的因果关系作简要阐述，并对上述案例作简要评析。

一、坚持事实因果关系与法律因果关系相区分的判断标准

刑法中的因果关系是理论中较为复杂的一章，目前关于因果关系有多种学说，但不论何种学说，对因果关系讨论的目的均是从事实层面的诸多原因中寻找出法律意义上可追责的原因，即找出刑法意义上的因果关系进行归责。由此，对刑法意义上因果关系的判断离不开对事实因果关系的判断，同时，刑法意义上的因果关系有其所特有的性质及判断标准。因此，在因果关系的判断上应当坚持事实因果关系与法律因果关系相区分。那何为事实因果关系和法律因果关系？简单来讲，事实因果关系就是指对危害结果的发生起到促进作用的所有因果关系（一般排除刑法上无意义的行为），是一种事实判断；法律因果关系则是指能够纳入刑法评价的，对危害结果的发生具有法律意义上可归责的因果关系，是一种价值判断。事实因果关系是法律因果关系判断的基础，在具体认定中，应当首先对事实因果关系进行判断，从客观事实的联系方面划定造成损害后果的原因范围，进而筛选出对危害结果起决定作用、关键作用的行为作为法律上的因果关系，并以此作为追究刑事责任的依据。

二、对事实因果关系的判断

事实因果关系是研究因果关系问题的基础，如果行为和危害结果之间在客观上就不存在因果关系，则无须进入对法律因果关系的判断，可以直接排除追责的可能性。另外，由于刑法所惩罚的行为系危害行为（实行行为），因此，在划定事实因果关系的范围时，应当将刑法上无意义的行为予以排除。如上例中，减免税费的申报行为、相关领导的签批行为等均不属于刑法意义上的行为。对事实因果关系的具体判断应当遵循“没有前者就没有后者”的条件说标准，即只要前面的行为和危害结果之间存在“没有前者就没有后者”的关系，则可将其纳入考虑范畴。

三、对法律因果关系的判断

法律因果关系是因果关系问题核心，是解决追究行为人刑事责任问题的依据。对法律因果关系的判断是一种价值判断。为对法律因果关系的判断提供一个可操作性标准，国内外学者提出了相当因果关系说、合法则的条件说、客观归责理论等。相关学说在对因果关系的认定中虽各有特点和优势，但在笔者看来，仍不能很直观、明了地指导实践。笔者在借鉴上述因果关系理论的基础上，结合渎职犯罪的特征，认为应当从形式的符合性、介入因素的关联性两方面对渎职犯罪的法律因果关系进行判断。

1. 形式的符合性标准。渎职犯罪作为法定犯，其危害行为和危害结果都应当是法律明文规定的，危害行为和危害结果之间的因果关系也应蕴含在法条之中。因此，通过刑法条文的具体规定，我们首先可以在形式上判断渎职行为与危害结果之间是否存在符合法条所预设的因果关系类型。当符合构成要件的危害结果出现时，如果渎职行为符合法条规定的行为样态，那么就可以从形式上被认定行为与危害结果具有法律上的因果关系。如刑法第三百九十七条（滥用职权罪、玩忽职守罪）规定："国家机关工作人员滥用职权或者玩忽职守，致使公共财产、国家和人民利益遭受重大损失的，处……"当作为构成要件的结果"公共财产、国家和人民利益遭受重大损失"出现时，凡是存在"国家机关工作人员滥用职权或者玩忽职守"的行为，都可以在形式上被认定为与结果具有法律上的因果关系。

2. 介入因素的关联性标准。渎职犯罪因果关系判断的难点在于通常要掺杂对介入因素（主要是第三人行为）的判断。一般来讲，对介入因素的判断应当考察三个方面的内容，第一，介入因素的异常性程度；第二，介入因素对结果发生的作用大小；第三，介入因素是否属于行为人的监管范围。在具体判断时，必须对上述因素进行综合考虑。因为单个方面的内容并不能必然中断因果关系，如介入因素虽然异常，但对结果发生的作用很小，则不能中断因果关系；同样，对结果起重要作用的介入因素，如果在行为人的监管职责范围内，也不能中断因果关系。只有行为人监管范围之外的异常性介入因素，并合乎规律地引起了危害结果的产生，才能够中断行为与介入因素造成的结果之间的因果关系。本案中，税务机关工作人员的渎职行为系异常介入因素且在赖某的监管范围之外，该行为对J公司的超标减免税费具有决定作用。因此，税务机关工作人员的渎职行为中断了赖某的行为与超标准减免税费这一结果的因果关系，赖某不对超出55万元的经济损失部分负责。

（李丁涛　西南政法大学）

（原载于《中国纪检监察报》2019年7月24日）

5. 非法占有土地并获取出租收益的行为如何定性

典型案例

李某，中共党员，A 市 B 镇 C 村委会村民小组长。2013 年，李某利用负责管理村西宅基地的职务便利，未经村民小组会议集体讨论，非法为其妻子潘某（非本村村民）在村中占取了一块宅基地，所占地块无任何审批手续。2018 年 6 月，李某将非法占取的宅基地出租给洪某（非本村村民）非法建房，并收取洪某租金 50 万元（租期五年）。2019 年 5 月，该市自然资源局对潘某作出了行政处罚的决定，责令其将土地退还给村集体，并拆除非法建造的房屋。

处理意见

本案中，对李某的行为如何定性产生了分歧。

第一种意见：李某的行为构成滥用职权罪。

第二种意见：李某的行为构成贪污罪。

第三种意见：李某的行为构成职务侵占罪。

第四种意见：李某的行为不构成犯罪，应当根据自然资源局的行政处罚决定追究其违纪责任。

评析意见

笔者赞同第三种意见。

一、村民小组长的身份问题

监察体制改革以后，将基层群众性自治组织中依法从事集体事务管理的人员纳入监察对象的范围，本案中李某属于监察对象无疑，但其是否为滥用职权罪的适格主体？刑法对于滥用职权罪主体明确规定为“国家机关工作人员”，村委会显然不属于国家机关的范围。但是根据2002年12月，全国人民代表大会常务委员会关于《中华人民共和国刑法》第九章渎职罪主体适用问题的解释，“在依照法律、法规规定行使国家行政管理职权的组织中从事公务的人员，或者在受国家机关委托代表国家机关行使职权的组织中从事公务的人员，或者虽未列入国家机关人员编制，但在国家机关中从事公务的人员，在代表国家机关行使职权时，有渎职行为，构成犯罪的，依照刑法有关渎职罪的规定追究刑事责任”。根据上述立法解释，判断村民委员会等村基层组织人员是否符合滥用职权罪的主体身份，关键在于认定其是否在受国家机关委托代表国家机关行使职权的组织中从事公务。很明显，本案中的村民小组长李某管理村西宅基地是其本身的职责，并没有接受国家机关的委托从事公务，不符合渎职罪的主体要件。

李某虽不属于国家机关工作人员，但能否认定为国家工作人员，构成贪污罪的主体呢？在本案中，根据 2000 年 4 月，全国人民代表大会常务委员会关于《中华人民共和国刑法》第九十三条第二款的解释，村民委员会等村基层组织人员协助人民政府从事下列七类行政管理工作，属于刑法第九十三条第二款规定的“其他依照法律从事公务的人员”，但是本案中的村民小组长李某并未参加协助乡级以上政府从事行政管理工作，不属于国家工作人员，也不能构成贪污罪的主体。

二、土地使用权的性质问题

有的同志提出，本案中的宅基地尽管被李某采用非法手段占有和使用，但土地所有权并未发生转移，土地仍然属于村集体所有。因此，李某并没有利用职务之便，达到非法侵占土地所有权的目的，李某的行为不构成职务侵占罪。持该种观点的同志，是片面认为土地案件中职务侵占罪的客体为土地所有权，而不是土地使用权。

关于土地所有权和使用权能否成为职务侵占罪的客体，笔者从以下两个方面来分析。

一是土地所有权不能成为职务侵占罪的客体。根据刑法规定，职务侵占罪是指公司、企业或者其他单位的人员，利用职务上的便利，将本单位财物非法占有，数额较大的行为。刑法中公共财产包括：国有财产、劳动群众集体所有的财产。根据《中华人民共和国土地管理法》（以下简称《土地管理法》）第二条规定，中华人民共和国实行土地的社会主义公有制，即全民所有制和劳动群众集体所有制。任何单位和个人不得侵占、买卖或者以其他形式非法转让土地。土地使用权可以依法转让。因此，国家和农民集体所有的土地属于公共财产的范畴，但是土地所有权归国家和集体所有，不得非法转让所有权，只能转让土地使用权。也就是说，土地所有权不等同于房产等实物财产，不能转让，也不可能成为职务侵占罪的客体。

二是土地使用权具有财产性利益，属于公共财物。根据《土地管理法》第九条的规定，国有土地和农民集体所有的土地，可以依法确定给单位或者个人使用。土地使用权包括了对土地的占有、开发、经营和收益，可以产生经济收益的。因此，土地使用权应当属于财产性利益，是“公共财物”的范畴。另外，根据 1999 年《最高人民法院关于村民小组组长利用职务便利非法占有公共财物行为如何定性问题的批复》：对村民小组组长利用职务上的便利，将村民小组集体所有财产非法占为己有，数额较大的行为，应当依照刑法第二百七十一条第一款的规定，以职务侵占罪定罪处罚。

本案中，李某职务侵占罪的数额应当以出租土地的租金收益 50 万元来认定。尽管该市自然资源局已对李某妻子潘某的违法行为进行了行政处罚，但根据《土地管理法》第七十七条的规定，构成犯罪的，还应当依法追究刑事责任。因此，对李某除了应当追究违纪违法责任外，还应当以涉嫌职务侵占罪移送司法机关审查起诉。

（付　余　广东省佛山市纪委监委）

（原载于《中国纪检监察报》2020 年 7 月 15 日）

6. 村干部骗取乡镇拨付的工程款怎样定性

典型案例

胡某，男，中共党员，某县A镇B村党支部书记、村委会主任。

B村因村内灌溉水渠涵洞年久失修，严重影响农田供水，村民多次向A镇和B村反映该问题。2020年1月，胡某考虑到村里经济困难，为解决该问题，向A镇政府申请由A镇政府对本村的水渠涵洞进行修复。A镇政府经研究，同意由B村自行修复，相关工程费用由A镇政府拨付给B村。胡某作为B村法定代表人与李某签订水渠涵洞修复建设合同，约定工程造价为10万元。胡某为从该工程获利，与李某商定将工程造价做成16万元，多出的6万元由胡某支配使用。10月，工程竣工，A镇政府将16万元拨付至B村账户，B村将16万元支付到李某银行账户，李某再将6

万元交给胡某，该款被胡某用于个人及家庭开支。

处理意见

村干部在处理经镇政府同意的相关村级事务过程中，骗取乡镇拨付的工程款如何定性，存在争议。本案争议焦点在于，能否认定胡某为国家工作人员？胡某非法占有的6万元能否认定为公共财物？

第一种意见认为：该水渠涵洞修复工程是A镇政府同意由B村组织实施的，资金也是由A镇财政资金支付的，故胡某修复水渠涵洞的行为属于协助政府履行公务，其骗取镇财政资金用于个人及其家庭开支的行为，应认定涉嫌贪污罪。

第二种意见认为：该工程虽然经A镇政府同意实施，并由A镇财政支持，但该工程属于B村自行实施，胡某的行为是对村集体事务进行管理，属村民自治范畴，不属于从事公务，且该资金是A镇政府拨付给B村集体的，其非法占有6万元的行为，系占有B村集体的资金，应认定为涉嫌职务侵占罪。

第三种意见认为：胡某以非法占有为目的，采取虚构事实，隐瞒真相的方法，使镇、村基于错误认识而处分财物，胡某的行为构成诈骗罪。

评析意见

笔者赞同第二种意见。结合案例，分析如下。

一、胡某在以 B 村名义自行组织对村内水渠涵洞进行修复时，不能认定为国家工作人员

根据立法解释，村民委员会等村基层组织人员协助人民政府从事下列行政管理工作，属于刑法第九十三条第二款规定的“其他依照法律从事公务的人员”：1. 救灾、抢险、防汛、优抚、扶贫、移民、救济款物的管理；2. 社会捐助公益事业款物的管理；3. 国有土地的经营和管理；4. 土地征收、征用补偿费用的管理；5. 代征、代缴税款；6. 有关计划生育、户籍、征兵工作；7. 协助人民政府从事的其他行政管理工作。

本案中，胡某向镇政府申请修复水渠涵洞，镇政府经研究，同意 B 村自行修复，后胡某作为 B 村法定代表人与李某签订合同。首先，A 镇是同意 B 村自行对水渠涵洞进行修复，并非委托 B 村以 A 镇名义进行修复，胡某的行为属于 A 镇政府同意的行为，但不属于 A 镇政府授权或委托实施的行为。其次，胡某作为 B 村的法定代表人，以 B 村的名义对外签订合同，其行为属于普通的民事行为，属于 B 村对村级事务的自我管理、自我服务，是村民自治的范畴，不属于协助人民政府从事行政管理工作。最后，胡某是因B村资金困难才申请由A镇进行修复，实际上A镇也给予了经济支持，但不能因A镇给予经济支持，就想当然地认为该修复行为属于A镇的行为，水渠涵洞修复的主体实际上仍为B村。故胡某的行为属于履行村务的行为，不属于协助人民政府从事公务，不能将胡某认定为国家工作人员，其主体身份不符合贪污罪的主体要件。

二、胡某非法占有的6万元应认定为B村的集体资金

根据刑法的规定，贪污罪的行为对象是公共财物，而职务侵占罪的行为对象则是公司、企业或者其他单位的财物。这二者的区分和认定，关键不在于财产法律上所有权的权属关系和持有该财物的合理性，而在于行为时该财产的占有、持有及与之相对应的责任关系。

案例中，A镇政府向B村拨付的16万元，为支持B村农业建设的资金，该资金进入B村村账后，A镇即完成了财政资金向B村拨付工作，该笔资金性质转为B村实际占有使用的资金，B村对该资金负有实质性的管理、使用等职责。B村作为合同签订主体，对工程施工、验收和审计等负有责任，工程款如何支付、支付多少、何时支付也均由B村根据合同约定进行，并从村账上支付。故胡某非法占有的6万元，属于B村占有、支配下的财产，应认定为B村的集体资金。

综上，胡某在履行村务过程中，通过欺骗手段，非法占有本单位的集体资金，其在占有过程中，虽有一定的欺骗行为，但其欺骗行为不能改变其履行职务的性质，故胡某的行为属于职务犯罪，而不是普通的诈骗犯罪，应认定胡某的行为构成职务侵占罪。

（张家龙　徐　浩　江苏省泗阳县纪委监委）

（原载于《中国纪检监察报》2020 年 11 月 11 日）

7. 国有公司人员渎职犯罪竞合时如何处理

典型案例

张某，某市国有控股 A 公司副总经理兼进口业务部经理，负责公司某进口化工原料的销售工作。2016 年，张某利用该化工原料市场交易价格波动较大之机，操纵该公司与其姐姐实际控制的私营企业开展该化工原料购销业务，通过在市场高价时不签合同违规发货、低价时再签合同收款的方式，以明显低于市场的价格向其姐姐实际控制的私营企业销售化工原料，帮助其姐姐非法获利 100 万元。2017 年，A 公司以正常市场价格与张某姐姐出资经营的另一家私营企业签订购销合同，此后，张某违反 A 公司先收取货款后发货的规定，擅自将 300 吨化工原料发货给该私营企业，之后该私营企业一直未支付货款且因经营不善宣告破产，造成 A 公司损失 300 万元。2018 年，张某接受某私营企业主李某请托，违反公司决策制度，操纵A公司与李某关联的私营企业开展无真实交易的“商贸”业务，并向李某控制的有关公司支付巨额款项，张某因此先后收受李某给予的财物50万元。后因李某下落不明，导致A公司巨额款项无法回收，造成经济损失1000万元。

处理意见

对于张某上述行为的认定，有两种意见。

第一种意见认为：张某滥用职权，前后与其姐姐关联的两家私营企业违规开展业务的两个行为，系延续的同一犯罪行为，应一并认定为国有公司人员滥用职权罪；张某接受李某请托，为其滥用职权并收受贿赂，系一个行为违犯两个罪名，为避免重复评价，应从一重罪处罚。

第二种意见认为：张某前后与其姐姐关联的两家私营企业违规开展业务的两个行为应当分别评价，其前一行为构成为亲友非法牟利罪，后一行为构成国有公司人员滥用职权罪；张某因接受李某请托而实施的滥用职权和受贿行为虽然系牵连关系，但依法应予数罪并罚。

评析意见

笔者同意第二种观点，具体分析如下。

一、准确把握为亲友非法牟利罪与国有公司人员滥用职权罪的区别

为亲友非法牟利罪和国有公司人员滥用职权罪均系刑法分则第三章第三节“妨害对公司、企业的管理秩序罪”中的不同罪名。为亲友非法牟利罪系依照刑法第一百六十六条规定，即国有公司、企业工作人员，利用职务便利，有将本单位的盈利业务交由自己的亲友进行经营、以明显高于市场的价格向自己的亲友经营管理的单位采购商品或者以明显低于市场的价格向自己的亲友经营管理的单位销售商品、向自己的亲友经营管理的单位采购不合格商品等三种情形，使国家利益遭受重大损失的，构成该罪。国有公司、企业人员滥用职权罪系依照刑法第一百六十八条规定，即国有公司、企业的工作人员，由于滥用职权，造成国有公司、企业破产或者严重损失，致使国家利益遭受重大损失的，构成该罪。上述两个罪名，犯罪主体相同，犯罪客体相似，量刑尺度一致。在犯罪主体为国有公司工作人员的情况下，刑法关于为亲友非法牟利罪的规定系国有公司人员滥用职权罪的特别规定，两者是法条竞合的关系。

简而言之，为亲友非法牟利罪的客观行为方式仅限于刑法第一百六十六条规定的三种情形，国有公司工作人员实施这三种行为致使国家利益遭受重大损失的，应按照为亲友非法牟利罪认定；国有公司工作人员实施刑法第一百六十六条规定以外的行为，滥用职权造成国有公司破产或者严重损失，致使国家利益遭受重大损失的，即使客观上为亲友谋取了利益，也应当按照国有公司人员滥用职权罪认定。因此本案中，张某前后与其姐姐关联的两家私营企业违规开展业务的两个行为，一个系利用职务便利，以明显低于市场价格向亲友经营管理单位销售商品的行为；另一个以市场价签订合同，主观上并非为亲友非法谋利，客观上也不存在低卖高买行为，只是违反公司规定先行发货，且对后续因客观原因不能支付货款不具有明知，系滥用职权行为，应当分别以为亲友非法牟利罪、国有公司人员滥用职权罪定性处理。

二、准确理解国有公司人员滥用职权罪与受贿罪的竞合关系

依照“两高”《关于办理国家出资企业中职务犯罪案件具体应用法律若干问题的意见》（以下简称《办理国资企业职务犯罪案件意见》）第四条第四款规定，国家出资企业中的国家工作人员因实施刑法分则第三章第三节渎职犯罪并收受贿赂的，依照处罚较重的规定定罪处罚，即从一重罪处罚。同时，依照“两高”《关于办理贪污贿赂刑事案件适用法律若干问题的解释》（以下简称《贪污贿赂司法解释》）第十七条规定，国家工作人员利用职务上的便利，收受他人财物，为他人谋取利益，同时构成受贿罪和刑法分则第三章第三节、第九章规定的渎职犯罪的，除刑法另有规定外，以受贿罪和渎职犯罪数罪并罚。因此，对于行为人同时犯国有公司人员滥用职权罪和受贿罪，《办理国资企业职务犯罪案件意见》和《贪污贿赂司法解释》作出了“从一重罪处罚”和“数罪并罚”的不同规定。而《贪污贿赂司法解释》于2016年印发，晚于2010年印发的《办理国资企业职务犯罪案件意见》，且《贪污贿赂司法解释》第二十条明确规定，此前发布的司法解释与本解释不一致的，以本解释为准。因此本案中，张某接受李某请托而实施的滥用职权和受贿行为，应当适用《贪污贿赂司法解释》的有关规定，以国有公司人员滥用职权罪和受贿罪并罚处理。

三、准确认定因渎职犯罪造成国有控股、参股公司经济损失的数额

本案中，张某的犯罪行为给A公司造成巨大损失。因A公司是国有控股公司而非国有独资公司，对于“国家利益遭受损失”数额的认定，存在“比例说”“整体说”等不同观点。笔者认为，在企业经营过程中，企业的收益及债务都是基于一个经营整体才能产生，在适用刑法保护该社会关系时理应整体保护。因此，国家出资企业中的国家工作人员涉嫌贪污、挪用公款罪的犯罪数额，亦均以整体数额认定，不能按照国家出资企业中的国有成分比例计算。2022 年 1 月 28 日，国家监委印发《关于办理国有企业管理人员渎职犯罪案件适用法律若干问题的意见》（以下简称《办理国企渎职犯罪意见》）明确规定，因渎职犯罪造成国有控股、参股公司的经济损失，可全部认定为“国家利益遭受损失”。纪检监察机关在处理国有公司人员滥用职权犯罪时应当准确把握。同时，根据《办理国企渎职犯罪意见》相关规定，对于案例中张某为亲友非法牟利罪的“国家利益遭受损失”如何确定，涉嫌为亲友非法牟利罪且“国家利益遭受损失”数额无法计量时，可将亲友非法获利数额认定为“国家利益遭受损失”数额。因此，本案中，2016 年、2017 年，张某的为亲友非法牟利和滥用职权行为造成的国家利益损失数额为 400 万元；2018 年，张某的滥用职权行为造成的国家利益损失数额为 1000 万元。

在国有公司人员滥用职权犯罪追缴非法利益、挽回国家利益损失方面，有人认为，滥用职权犯罪不是贪污贿赂类犯罪，被调查人没有直接获利，无法对其追缴非法利益。笔者认为，虽然实践中可能存在追缴困难，但滥用职权犯罪造成的国家利益损失也应当做到“应追尽追”。追缴非法利益时要注意：首先要查清非法利益去向，充分固定被调查人、相关证人的证言以及有关书证、物证等，形成完整的证据链条；其次要准确评估、认定利益去向方的不当获利金额，然后视情对违法取得的财物依法予以没收、追缴或者责令退赔；再次根据实际案情，也可以做好被调查人和不当获利方的工作，促使其主动挽回损失或主动上交不当获利。同时，国家利益损失挽回后，鉴于为亲友非法牟利罪，国有公司人员滥用职权罪、失职罪等 3 个罪名关于涉案款物处置尚无明确规定，一般应当结合具体案情妥善处理。首先考虑依法发还发案单位，不适合发还发案单位或者无法发还的则应上缴国库。

（谢伍智　中央纪委国家监委驻中国国家铁路集团有限公司纪检监察组）

（原载于《中国纪检监察报》2022 年 11 月 30 日）

8. 国有公司、企业人员失职案件中“严重不负责任”的认定

典型案例

张某某，男，中共党员，A 市某国有集团公司党委委员、副总裁，兼任该集团下属物流公司党委书记、法定代表人。2013 年 7 月，物流公司与 B 市甲公司签订《贸易物流服务协议》，约定物流公司为甲公司提供有关货物的进出口通关、运输、装卸及仓储等服务。2014 年 1 月，物流公司与私营企业乙公司签订《货物仓储合同》，约定将甲公司的货物堆存于乙公司货场，并实际堆存价值 1 亿余元货物。2014 年 12 月，因乙公司经营发生问题，甲公司堆存乙公司货场的部分货物出现被强行提货、抢货情况。甲公司依据合同约定，多次与张某某商谈货物监管、转仓问题，但张某某在未征求物流公司领导班子成员意见、未向集团请示汇报的情况下，片面采纳社会律师意见，个人擅自作出放

弃监管、不接受转仓的决策，导致甲公司货物被盗抢。经 B 市仲裁委员会裁决，物流公司赔偿甲公司损失 9000 余万元且无法追回，造成国有资产重大损失。2018 年 1 月，A 市纪委监委对张某某立案审查调查。

处理意见

第一种意见认为：张某某明知该货物仓储监管事项属于物流公司“三重一大”事项，应当集体研究作出决定，在采取措施可以避免损失的情况下却片面听信律师意见，作出放弃监管、不接受转仓的错误决策，造成公司巨额损失，可以认定其失职。但张某某作出的错误决策是过于相信律师的意见，其失职行为并没有达到刑法规定的“严重不负责任”，不宜追究其刑事责任。

第二种意见认为：张某某作为物流公司法定代表人，在履行与甲公司《贸易物流服务协议》过程中，严重不负责任，作出放弃监管、不接受转仓的错误决策，造成国有资产重大损失达 9000 余万元，其行为触犯《刑法》第一百六十八条之规定，涉嫌国有公司、企业人员失职罪，应依法追究其刑事责任。

评析意见

笔者同意第二种意见。

一、国有公司、企业人员失职罪的基本认定标准

根据《中华人民共和国刑法》第一百六十八条的规定，国有公司、企业、事业单位人员失职罪、滥用职权罪，是指国有公司、企业的工作人员，由于严重不负责任或者滥用职权，造成国有公司、企业破产或者严重亏损，致使国家利益遭受重大损失，以及国有事业单位的工作人员由于严重不负责任或者滥用职权，致使国家利益遭受重大损失的行为。

据此，构成国有公司、企业人员失职罪的要件是：主体为特殊主体，即国有公司、企业的工作人员；主观方面属于过失犯罪，这里的过失是指行为人对自己严重不负责任的行为给国家利益造成重大损失的后果是出于过失，至于行为人对工作严重不负责任的行为本身则出于故意；客体是国有公司、企业财产权益；客观上表现为行为人严重不负责任，致使国家利益遭受重大损失。关于“重大损失”的认定，《最高人民检察院、公安部关于公安机关管辖的刑事案件立案追诉标准的规定（二）》第十五条第一款作出了明确规定，即：造成国家直接经济损失数额在 50 万元以上的。

二、对“严重不负责任”的把握

“严重不负责任”，主要是指行为人不履行或不正确履行职责的行为。因此，界定是否属于“严重不负责任”，应从以下三个方面把握：首先，行为人是否负有职责，这是不负责任的前提条件。其次，行为人在履职过程中是否不履行或不正确履行，这是不负责任的实质表现。不履行职责，即行为人能够履行职责但却不履行，通常表现为放弃职守。不正确履行职责，即行为人虽然履行了一定职责，但是不遵照法律法规、上级单位或者本单位内部的规章制度对其职责的要求去做，草率行事、敷衍应付等。需要强调的是，如果行为人认真履行职责义务，严格遵守职责要求和程序，即使出现了严重后果，也不能认定其是不负责任，可以理解为工作失误。最后，行为人不履行或不正确履行职责的行为是否达到了“严重”程度。目前，法律没有明确规定“严重”程度的具体行为表现，只是由司法部门在实践中根据具体情况加以认定，因此是否达到“严重”是产生争议的焦点，也是准确认定失职罪的关键。通过对司法实践中最为常见的失职行为进行归纳总结，笔者认为，行为人放弃履行职责或不正确履行职责，导致重大隐患未被及时发现，或发现隐患未予纠正、未采取有效措施；对应当预见的情况未能预见，或者虽已预见但轻信能够避免而未采取有效措施，引发了重大损害结果的发生等，应认定为“严重不负责任”。

三、张某某失职行为的严重性分析

本案中，张某某作为国有企业法定代表人，在履行与甲公司《贸易物流服务协议》过程中，违反集团和公司规章制度，对仓储货物监管问题未经班子成员集体研究、未向集团公司党委报告，就作出放弃监管的决策，最终导致公司遭受巨额损失。因此，张某某的行为构成不负责任是毋庸置疑的，但其是否达到“严重”程度产生了分歧。有意见认为，张某某在仓储货物出现问题后，在咨询律师意见后作出了相应决定，至少履行了部分职责，不属于“严重不负责任”。对此，笔者认为，不能仅仅从表面上看是完全履职还是部分履职进行僵化的判定，而要将行为人的失职行为置于其整个履职过程中进行综合评价，来确认不负责任的严重程度。

就本案而言，《贸易物流服务协议》中明确约定了物流公司应当提供仓储服务，客观上物流公司也安排了人员驻场监管，而在双方发现部分货物存在被强行提货、抢货的情况下，物流公司的正常操作应当是采取有效措施加强监管、保障货物安全，避免经济风险。事实上，物流公司只要采取报警、转仓等措施，就可以避免公司遭受的损失。在甲公司多次要求物流公司对货物履行监管义务的情况下，张某某草率决定放弃监管，在货物被盗抢时不制止、不报警、不转仓，最终导致物流公司9000余万元的重大损失。作为一名长期从事企业经营管理、工作经验丰富的企业领导人员，张某某应当能够预见到其行为可能给企业带来重大损失的风险，但却偏听偏信、一意孤行，在货物被盗抢时没有采取起码的避险措施，几乎到了麻木的地步，使损失由风险变成必然，其行为应当认定达到“严重”程度，并以国有公司、企业人员失职罪追究其刑事责任。

（蒋　莉）

（原载于《中国纪检监察报》2018年11月14日）

9. 违规将公款交由他人理财多年怎样定性

典型案例

甲系某国有公司负责人，乙系私营企业主。2005 年，在甲未到该国有公司任职时，该国有公司曾将公款 2000 万元交由乙控制的公司炒股理财，双方签订合同，约定期限 1 年，预期收益率 10%，后乙按期归还本金并支付收益。2006 年，甲任该公司负责人后，与乙关系日益密切，乙向甲提出目前股票市场行情好，且自己有股票内幕消息，希望该国有公司继续加大委托理财力度，并承诺自己赚钱后，一定会感谢甲。2007 年，甲违反公司规定，在未经集体研究的情况下，擅自决定将 1 亿元公款交由乙控制的公司炒股理财，双方签订合同，约定期限为 1 年，预期收益率 10%。后股票市场剧烈变动，导致乙购买的股票发生巨额亏损，理财约定期限到后，乙未能按期归还本金和收益。后经该国有公司反复催要，乙陆续归还本金 2000 万元。2018 年，该国有公司将乙起诉到法院，后经法院调解，乙归还国有公司 8000 万元本金及 100 万元利息。

处理意见

对于甲是否构罪，构成何种犯罪，有三种不同意见。

第一种意见认为，甲的目的是为国有公司理财，不符合“挪用公款归个人使用”的三种情形，不构成挪用公款罪；甲虽然违规行使权力，但最终国有公司收回本金，没有损失后果，也不构成国有公司人员滥用职权罪。

第二种意见认为，甲利用职务便利，挪用公司公款交由私营企业主乙炒股，构成挪用公款罪。

第三种意见认为，甲违反相关规定，未经集体研究，擅自决定将巨额公款交由私营企业主乙理财，导致公款被乙无偿占用 10 余年，造成国有资产重大损失，构成国有公司人员滥用职权罪。

评析意见

笔者支持第三种意见。理由如下：

一、甲不符合挪用公款罪的本质特征

国家工作人员利用职务上的便利，挪用公款归个人使用，进行非法活动的，或挪用数额较大、进行营利活动的，或挪用数额较大、超过三个月未还的，构成挪用公款罪。根据全国人大常委会《关于〈中华人民共和国刑法〉第三百八十四条第一款的解释》的规定，“将公款供本人、亲友或者其他自然人使用的；以个人名义将公款供其他单位使用的；个人决定以单位名义将公款供其他单位使用，谋取个人利益的”三种情形，属于“挪用公款归个人使用”。本案例中，从表面形式上看，甲未经集体研究，个人决定将1亿元公款交由乙炒股理财，同时乙还承诺赚钱后会感谢甲，似乎符合上述“个人决定以单位名义将公款供其他单位使用，谋取个人利益的”的情形。但结合全案其他情况进行深入分析发现，甲的行为不符合挪用公款的构成要件和本质特征。在主观方面，根据甲乙的交代以及“此前乙曾经为该国有公司炒股理财且按约定归还了本金和收益”“乙向甲提出目前股票市场行情好，自己有股票内幕消息，希望该国有公司继续加大委托理财力度”等情况分析，甲决定将公司巨额公款交由乙理财，主要还是基于股市行情较好、乙具有一定炒股能力的认识，以及希望乙帮国有公司炒股盈利的意志，同时也混有其本人能从中获得一份好处的“徇私”动机，但并未就获得好处进一步形成合意，故总体而言，甲不具备纯粹的将公款挪用给乙的主观故意；在客观方面，虽然将1亿元公款交由乙炒股理财系甲违规擅自决定的，但该公司与乙控制的公司签订了理财协议，约定了资金的归还日期和利息，同时还采取了限制资金转出股票账户等保护性措施，公司副总、财务总监等人也均知晓此事并按照甲的要求具体操作签订合同、划转资金等，理财行为体现的更多是单位意志。结合全案主客观情况综合分析，甲的行为与挪用公款犯罪的本质特征不符，不宜以挪用公款罪进行定性。2003年最高人民法院《全国法院审理经济犯罪案件工作座谈会纪要》的规定持同样观点："经单位领导集体研究决定将公款给个人使用，或者单位负责人为了单位的利益，决定将公款给个人使用的，不以挪用公款罪定罪处罚。上述行为致使单位遭受重大损失，构成其他犯罪的，依照刑法的有关规定对责任人员定罪处罚。"

二、甲的行为符合滥用职权犯罪的表现特征

滥用职权犯罪是指国家工作人员超越职权，违法决定、处理其无权决定、处理的事项，或者违反规定处理公务，致使公共财产、国家和人民利益遭受重大损失的行为。本案例中，在主观心态上，甲明知本人的行为违反公司相关规定，明知股市蕴含巨大风险，但因轻信了乙关于股市行情好和其具备较高炒股能力的说辞，同时也为谋取个人私利，违规决定将巨额公款交给乙炒股理财，致使国有资金的安全和升值保值受到严重危害，甲对其行为的违规性明知，对危害结果持一种放任的态度，符合渎职罪的主观特征；在客观行为上，甲违反公司规定，未经集体研究，个人擅自决定将巨额公款交由乙公司理财，属于典型的“违反规定处理公务”。在不考虑危害结果的情况下，甲的行为非常贴合滥用职权犯罪的表现特征。

三、国有资金的确定性预期收益应被作为甲滥用职权的损失后果

一是预期收益可以被认定滥权的损失后果。危害结果是滥用职权犯罪的必备要件，当事人的行为是否导致公共财产、国家和人民利益遭受重大损失，具体损失数额如何计算，是关系到能否构成滥用职权犯罪的关键问题。根据《关于办理渎职刑事案件适用法律若干问题的解释（一）》规定，造成经济损失 30 万元以上的，属于致使国家和人民利益遭受重大损失；“经济损失”是指渎职犯罪或与渎职犯罪相关联的犯罪立案时已经实际造成的财产损失。本案例中，在法院调解下，2018 年乙最终归还了国有公司委托理财的全部本金，且另支付了 100 万元利息，从表面上看，未给国有资产造成任何经济损失，没有具体的危害结果。但进一步分析发现，在现有市场情况下，资金有自然升值的属性，甲将巨额公款交给乙炒股理财，导致 1 亿元国有资金被乙持续占用 10 余年，国有资产未能实现正常的升值，此种没能实现的升值部分、也就是本应获得的预期收益，应当被作为损失后果予以认定。

二是法院调解不影响甲滥用职权行为与预期收益损失之间的因果关系。本案例中，还有值得注意的一点，2018年在法院主持下，该国有公司与乙达成了调解协议，由于调解系平等民事主体之间的自愿行为，表明该国有公司已经自愿放弃了原有的预期收益，在此背景下，是否还能将预期收益认定为滥用职权导致的损失后果呢？答案是肯定的。从整个案件事实来看，该国有公司之所以将乙起诉到法院并最终与乙进行“调解”，正是由于甲的滥权行为将巨额国有资金置于无法收回的危险境况中，如果国有公司不选择与乙调解，将导致连本金也无法收回的更严重后果，因此，此处的“自愿”调解是“两害相权取其轻”的被动选择，同样是甲滥用职权导致的结果，“放弃预期收益”作为调解内容的一部分，与甲滥用职权行为之间，具有刑法意义上的因果关系。

三是以确定性预期收益作为损失后果数额的计算标准。在将预期收益作为损失后果予以认定的思路下，以何种标准精准地计算出收益数额？有意见认为，应按照该国有公司与乙理财合同中约定的年化10%收益率作为标准，乘以乙非法占用资金的年限；也有意见认为，应借鉴“资金占用费”的计算标准，以同期银行贷款利率来计算。笔者认为，作为损失后果的预期收益，必须是该笔资金在国有公司控制下，依据企业经营惯例，能够获取的十分确定性的收益。本案中，如果资金未被乙占有，国有公司至少会将其存入银行获取固定利息，此部分利息即为该笔资金最确定性的预期收益。对于约定的理财年化10%的收益或银行同期贷款利率，并非国有公司必然获取的收益，而是在风险增加的情况下，一种可能的收益，不宜作为损失数额。在存款利率选择上，应按照有利于当事人的原则，选择最低的同期1年存款利率作为计算标准。计算时，应聘请专业审计人员，根据每笔资金的占用时间、归还时间，精准计算出应得的利息收益，确保损失数额精确无误。

（艾　萍　中央纪委国家监委第十三审查调查室）

（原载于《中国纪检监察报》2022年6月15日）

10. 不正确履职造成国有资产巨额损失如何定性

典型案例

2015 年 10 月，某省属国有公司董事长崔某未经前期充分评估论证，即决定启动收购国外一矿产公司，后报省国资委批复同意。2016 年 3 月，评估确认国外公司矿产资源量和复产至 165 万吨尚存不确定性，扩产至 200 万吨所需资源量更存在较大缺口，预期收益判断过于乐观，计划工期偏紧，建议慎重对待。崔某对该风险提示未予重视，自认为成本可控至较低水平，国际矿产市场短期内向好。6 月，省国资委批复同意技术改造后产量提升至 200 万吨，批准技术改造资金 15 亿元。10 月，崔某主持召开改造方案汇报会，提出将方案由“技术改造”变更为“检修复产”。会后实施方案将批复的“技术改造资金 15 亿元”变更为“检修复产资金 8 亿元”。2017 年 3 月，省属国有公司董事会补充审议通过检修复产方案。因技术改造所涉整体设备设施未能更换，仅对原有老旧设备设施维护维修，导致生产系统无法稳定运行，事故频发，产能低下，成本极高。2019 年 9 月，因亏损严重全部停产。经鉴定，截至立案时，该公司因变更技术改造为检修复产，致使技改资金流失，造成直接经济损失 6 亿元。

处理意见

本案中，对崔某行为如何定性存在两种意见。

第一种意见认为：崔某在改造方案汇报会上，擅自将国资委批复的“技术改造”变更为“检修复产”，并事后补开董事会通过“检修复产”方案，属于超越职权，故崔某构成国有公司人员滥用职权罪。

第二种意见认为：崔某在投资国外矿产项目时，严重不负责任，对风险评估意见未予重视；未按批复方案进行技术改造，仅对项目进行检修复产，最终造成国有资产巨额损失系其不正确履行职责所致，故崔某构成国有公司人员失职罪。

评析意见

笔者同意第二种意见，具体分析如下：

一、崔某具有过失性主观过错

国有公司人员滥用职权罪是指，国有公司人员由于滥用职权造成国有公司严重损失的行为；国有公司人员失职罪是指，国有公司工作人员由于严重不负责任，造成国有公司严重损失，致使国家利益遭受重大损失的行为。两罪的主要区别在于主观方面存在差异，滥用职权罪主要是行为人意识到自身权力运行，超越职权，或任性用权，其主观上一般是放任结果发生的间接故意，但也并不排除一定情形下的直接故意，而失职罪主要是行为人意识到自己的职责行使，但由于疏忽大意，或过于自信而不履行或不正确履行职责。

本案中，崔某在决策公司收购国外项目时，主观上还是为公司长远发展考虑，欲为公司投资获利，增大矿产储备，但是崔某轻信不全面不专业的前期考察尽职调查结论，不正确履行董事长职责，未对考察调查结论认真审阅、慎重研究，未对部分班子成员的质疑加以重视，对重大风险提示置若罔闻，认为短期内国际矿产市场必定向好，变技改为检修的生产方式，都是急于求成、急功近利的表现，系怠于行使职责，其主观上存在过错，属于过于自信的过失。

二、崔某存在失职行为表现

根据《公司法》《国有企业领导人员廉洁从业若干规定》等对国有企业组织架构及主要负责人职权定位，崔某作为省属国有企业主要负责人的法定职责实际上主要为召集主持公司会议，提交审议经营计划、投资方案，以及履行监督管理职责，确保国有资产增值保值，组织会议慎重研究决策重大事项等，并对上述事项宏观把控、程序正当、处置得当、结果适当负有法定责任。概言之，首先，要符合法律规范的最低标准，也就是“规定动作”必须做到位。其次，要符合行业运转的惯常做法，合乎理性，具有被广泛接受的程度，履职行为具有连贯性，不存在逻辑上的矛盾，也就是“自选动作”没有超出必要的限度。

本案认定的关键在于，崔某是否具有放弃职守、职责失守的不履行职责的行为，以及粗枝大叶、敷衍塞责、擅权妄为的不正确履行职责的行为。崔某在决策投资国外矿产项目时，履行职责缺乏合法性、合理性，在据以决策条件不成就、基础不具备的情况下，过度自信能够达到自己希望的结果，“规定动作”没做到，“自选动作”没做好。项目决策前，崔某无视经济规律，片面追求效率，未进行前期充分考察调研论证，对收购企业矿产加工生产能力、当地产业政策、法律法规等没有深入了解，特别是对专业风险提示不予重视，仅凭个人主观臆断，认为项目可行，急于上马。董事会研究时，崔某对市场低迷、投资前景过于乐观的质疑置之不理，对存在的市场风险、产能风险、社会风险缺乏应有预判和应对，投资决策带有明显个人偏好。项目实施后，在原有设备设施老化、产能不足、工艺陈旧，达不到生产标准情况下，盲目复工复产，造成资金大量浪费。崔某以上想当然的决策行为属典型的不正确履行职责的行为表现。

当然，在项目实施中，为赶工期而变更“技术改造”为“检修复产”以及议事程序倒置等行为，具有滥用职权的一些特征，滥权和失职行为相互交织时如何厘清本质需要紧紧抓住主要矛盾和矛盾的主要方面。本案中，崔某受过于自信主观意志支配之下的盲目决策行为属主导行为，起主要作用，而为配合支撑主导行为而实施的变更技术改造和补开会议都是为配合主导行为实现的辅助行为，起次要作用，对其不能脱离失职主导行为的整体性评价。根据主客观相统一原则，将崔某的行为从宏观上归于不正确履行职责的主导行为范畴内评价符合逻辑。一方面，崔某对改变技术改造方式、审议程序倒置等施加影响，具备滥权的一定特征，但究其本质还在于为落实决策部署，仍应纳入不正确履行职责的范畴。另一方面，从个人意志传导和权力行使上看，崔某未用超越职权、任性用权的强硬打压、强令推行等手段贯彻自己的决策意志。

三、崔某对损失结果产生起决定性作用

崔某任职期间，在项目实施过程中盲目决策，未依法依规认真审慎收购国外矿产公司和技改复产，其不正确履职行为系导致重大损失后果发生的决定性因素。首先，变更批复内容和事后补充审议等只是具体到点上的干涉行为，故此类行为不会导致损失结果。其次，崔某决策意志贯彻执行过程存在中间传导和具体实施环节，排除介入因素干扰是准确定性的又一关键。现有证据证实，负责该收购项目的子公司负责人为搞好与崔某的关系，凡事极力迎合崔某，在项目收购、检修复产等重要事项上“坚决”贯彻崔某指示，步调高度一致。该负责人虽作为具体项目实施的重要一环，但其沦为工具，系崔某意志的传达和过渡，没有守住职责底线，没有发挥层级制约作用，不属于介入因素，亦无法阻却崔某行为与损失后果之间的因果关系。

（田　亮　甘肃省纪委监委）

（原载于《中国纪检监察报》2022 年 7 月 6 日）

11. 擅自担保造成国企损失涉嫌何罪

典型案例

李某，男，中共党员，某县担保有限公司（国有独资企业，简称“担保公司”）总经理。2015 年至 2020 年期间，李某私人多次向服务企业放贷，约定按照月息 2 分收取利息。其间，部分借款企业经营不善，无力偿还。为了收回借款及利息，李某利用职务便利，通过担保公司提供担保的方式，帮助企业获取银行贷款用于归还其个人借款及利息，贷款到期后，企业无力还款时，由担保公司代为偿还。截至案发，李某个人获利 100 万元，担保公司累计发生代偿 2000 万元。

处理意见

本案中，对李某的行为如何定性产生了争议。

第一种意见认为：李某作为担保公司负责人向服务企业放贷，并利用职务便利让担保公司为服务企业担保，从银行借款偿还个人放贷，其违规获利的行为，违反了《国有企业领导人员廉洁从业若干规定》第五条，国有企业领导人员应当忠实履行职责，不得有利用职权谋取私利以及损害本企业利益的行为这一规定，违反了廉洁纪律。

第二种意见认为：李某明知服务企业无力还款，还违规让担保公司提供担保从银行获取贷款，偿还自己的借款和利息。表面上担保公司代偿给银行，实际上形成了担保公司代偿李某个人放贷，其转嫁风险的对象和获取利息的来源都是担保公司，涉嫌贪污犯罪。

第三种意见认为：李某作为担保公司的负责人，利用职权让担保公司为明显不具备清偿能力的借款企业提供担保，让自己获利，却放任担保公司的代偿款无法追回，造成国有资产损失，符合国有公司人员滥用职权罪的立案标准，应定性为国有公司人员滥用职权罪。

评析意见

笔者同意第三种观点。

一、李某实施了滥用职权行为

李某作为国有担保公司负责人，负有确保国有资产保值增值的职责。本案中，李某在服务企业无力偿还个人借款及利息的情况下，要求借款人虚构贷款用途，并利用职务之便，以担保公司名义为借款人提供担保，从银行获得贷款，用于偿还其个人借款及利息，造成担保公司向银行代偿。其违规担保行为背离了自己的职责，侵害了国家对国有企业的管理制度和经济利益，属于以权谋私、假公济私的滥用职权行为。

二、李某的行为客观上造成了担保公司重大损失

本案中国有担保公司之所以发生 2000 万元代偿，是因李某为了个人利益不受损失，不经集体研究，擅自违规担保造成的。虽然该 2000 万元在法律上属于债权，但因无有效反担保措施，已属于无法追回的债权，系法律意义上的财产流失，符合有关司法解释规定的渎职行为造成的国家利益的重大损失范畴。李某的违规担保行为与担保公司的代偿后果形成了刑法上的因果关系，因服务企业客观上不能还款，造成重大损失。

三、李某对担保公司重大损失持放任的主观故意

本案中，虽然服务企业客观上已不能还款，但李某的本意只是为了收回本人的借款，并不希望担保公司不能从服务企业那得到追偿，其对于能否追偿是一种放任的心态。如果李某与服务企业共谋，并约定贷款到期后由担保公司代为偿还，代偿后担保公司放弃追偿，此时，表面上是借款人用银行贷款归还李某欠款，但实际上是与李某合谋，有计划地利用李某职务便利，非法占有国有财产，则应定性为贪污罪。

需要注意的是，《关于办理渎职刑事案件具体应用法律若干问题的解释（一）》第八条规定："经济损失"是指渎职犯罪或者与渎职犯罪相关联的犯罪立案时已经实际造成的财产损失，包括为挽回渎职犯罪所造成损失而支付的各种开支、费用等。立案后至提起公诉前持续发生的经济损失，应一并计入渎职犯罪造成的经济损失。滥用职权罪中造成严重损失的结果既包括直接经济损失，也包括间接或者其他方面的损失，既包括给国有公司、企业造成亏损，也包括造成盈利减少。本案中，担保公司能追偿多少，受市场环境、企业经营状况等各种因素制约，这些偶然因素使李某的个人获利与担保公司的损失并不完全一致。这种不一致导致若认定其行为为贪污，则追究的仅仅是李某得到的本金利息，而不能涵盖担保公司的其他损失。从这一点看，笔者认为认定李某涉嫌国有公司人员滥用职权罪也更为适宜。

（何春生　江苏省泗阳县纪委监委）

（原载于《中国纪检监察报》2021年6月9日）

12. 村民小组长挪用征地补偿款如何定性

典型案例

张某，中共党员，某县元兴村六组小组长。2014 年至 2016 年期间，该县规划建立生态园，某公司中标并负责项目融资及建设。元兴村六组土地在生态园规划范围内。根据相关协议，征地拆迁的评估、费用支付等相关工作由企业直接负责。为推进项目顺利进行，政府建立征地拆迁领导小组，张某也参与到六组村民征地拆迁协调工作，但不是拆迁领导小组成员。

2015 年 9 月，元兴村六组的 150 万元征地补偿款原计划先打到村委会集体账户，再由村委会会计打到六组组长张某账户向村民兑付。但因六组村民对征地补偿款分配存在异议，经村集体研究决定，暂不发放。后张某私自挪用放在其账户的 150 万元用于个人借贷和银行理财，直至

2016 年 8 月需要向村民兑付时，张某才将 150 万元退还。

处理意见

第一种意见认为：张某协助政府从事征地拆迁工作是一种协助政府的行政管理行为，其身份应认定为国家工作人员。生态园项目用地实质是属于国有建设用地，补偿款具有国家补偿的性质，故补偿款应为公款。张某在协助政府从事征地的管理过程中，利用职务形成的便利条件，挪用公款进行营利活动，其行为构成挪用公款罪。

第二种意见认为：张某协助政府征地拆迁工作只是处理村小组的集体事务，并不具有从事公务的性质，张某不是国家工作人员。补偿款来源并不是国家财政拨款，是企业直接支付给村民的，补偿款应为集体资金。张某挪用集体资金进行营利活动，其行为构成挪用资金罪。

评析意见

笔者认同第二种意见。本案中，张某构成挪用公款罪还是挪用资金罪，争议焦点在于张某的是否为国家工作人员及 150 万元征地补偿款是否为公款。

根据 2000 年全国人大常委会《关于〈中华人民共和国

刑法〉第九十三条第二款的解释（2009 修正）》相关规定，村民委员会等村基层组织人员协助人民政府从事土地征用补偿费用的管理工作时，属于《刑法》第九十三条第二款规定的“其他依照法律从事公务的人员”。根据《村民委员会组织法》第三条、第二十八条规定，村民小组是村民自治的共同体内部的一种组织形式，是自治的一个基本层次和自治活动的最小单位，村民小组可以具有协助政府从事行政管理的职能，村民小组组长是由村民推选并代表村小组履行职责的，由此可以认为村民小组长属于村委会等基层组织人员。

但本案中，不能简单地以法律规定的外在身份来判断张某的身份，还要从国家工作人员的本质属性“依照法律从事公务”这一关键点来分析判断。村民小组长作为基层组织人员，在履职过程中，既可能是协助政府从事行政管理活动，也可能是管理村组的集体事务。若其从事的仅是村小组的集体事务，则并不属于公务范畴，不能以国家工作人员论。本案中，张某并不是政府征地小组的成员，并不具有国家授与的从事公务身份，而其协助做好征地拆迁工作，其处理的事务是促成某公司与村六组集体经济组织之间达成合理的征地补偿协议。根据《土地管理法》第十条规定：“农民集体所有的土地依法属于村农民集体所有的，由村集体经济组织或者村民委员会经营、管理；已经分别属于村内两个以上农村集体经济组织的农民集体所有的，由村内各该农村集体经济组织或者村民小组经营、管理……”因此，村民小组作为村集体经济组织，拥有土地所有权、使用权，并承担一定的法律后果，村民小组可以直接与某公司协商签订征地补偿协议，二者之间是民事法律关系，政府的征地拆迁小组虽参与征地拆迁工作，但仅是协调二者达成合理协议，并不具有行政管理性质，并不强制二者之间产生或变更法律关系。因此，张某处理事务仅是村小组的集体事务，在此情形下，不能以国家工作人员论。

《土地管理法实施条例》第二十六条规定：“土地补偿费归农村集体经济组织所有；地上附着物及青苗补偿费归地上附着物及青苗的所有者所有。”因此，征地拆迁等补偿费用属于村民小组的，一经支付到位即为村民小组集体所有。本案中，村民六组的补偿费用是由某公司直接支付，并非财政拨款，且该笔钱已经经由村委会分发到村六组，此时该笔补偿款所有权直接归为村六组。因此，张某挪用的钱款只是村六组的集体资金，不是公款。

据 1999 年 6 月最高人民法院《关于村民小组组长利用职务便利非法占有公共财物行为如何定性问题的批复》规定“对村民小组组长利用职务上的便利，将村民小组集体财产非法占为已有，数额较大的行为，应当依照《刑法》

第二百七十一条第一款的规定，以职务侵占罪定罪处罚”，因此，村民小组组长可以是职务侵占罪的犯罪主体。该条规定虽没具体规定村民小组组长挪用村民小组资金行为，但挪用资金罪与职务侵占罪在犯罪主体方面，都是一般主体。参照此规定，村民小组组长也是挪用资金罪的犯罪主体。

综上，根据《刑法》第二百七十二条规定，本案中张某应以挪用资金罪定罪处罚。

（徐　良　乙秋月）

（原载于《中国纪检监察报》2018年8月29日）

13. 帮助他人骗取国家财政资金行为如何定性

典型案例

徐某，A县B村会计，协助政府从事购房补贴申报审核等工作；张某，B村村民，系徐某外公。

2014年7月，A县政府下发《关于鼓励农民进城入镇集中居住的意见》，对农村征迁中自愿放弃安置、进城区购买商品房的村民，由县财政一次性给予购房总价8%的补贴，并给予1万元搬迁奖。2016年3月，张某在县城购买价值47万元的商品房，找到徐某帮忙，想利用村卫生室的搬迁协议骗取购房补贴和搬迁奖。徐某在明知其外公张某不符合申领购房补贴和搬迁奖条件的情况下，仍利用职务便利，帮张某出具虚假证明材料，并在申领购房补贴和搬迁奖审批表上签"同意"且加盖村委会印章。2017年1月，A县国土部门对张某提供的证明材料和审批表进行审核后，将 3.76 万元购房补贴和 1 万元搬迁奖共计 4.76 万元拨付给张某，徐某未分得任何钱款。

处理意见

本案争议的焦点在于，能否认定徐某为国家工作人员？能否认定徐某有非法占有故意？能否认定 4.76 万元系徐某利用职务便利取得？

第一种意见认为：张某与徐某均构成贪污罪。徐某明知张某不符合申报条件，仍利用其担任村会计协助政府从事购房补贴申报审核工作的职务便利，为张某提供帮助，骗取购房补贴和搬迁奖，根据最高人民法院《关于审理贪污、职务侵占案件如何认定共同犯罪几个问题的解释》第一条，行为人与国家工作人员勾结，利用国家工作人员的职务便利，共同侵吞、窃取、骗取或者以其他手段非法占有公共财物的，以贪污罪共犯论处。

第二种意见认为：张某构成诈骗罪，徐某构成滥用职权。徐某本人对张某骗取的该笔财政资金并不具有非法占有的主观故意，但其明知张某意图骗取财政资金，仍利用职务便利为张某提供帮助，造成国有财产损失，构成滥用职权，但未达到数额较大，不构成犯罪。张某以虚构事实、隐瞒真相的手段骗取财政资金，其行为构成诈骗罪。

第三种意见认为：张某与徐某均构成诈骗罪。徐某明知张某不符合申报条件，仍帮助其骗取购房补贴和搬迁奖。而徐某对购房补贴和搬迁奖的发放不具有主管、管理、经手等职务便利，仅是普通帮助行为，对于徐某的行为定性应以张某的行为来认定，系诈骗犯罪。

评析意见

笔者赞同第一种意见。现结合案例，分析如下。

一、徐某作为村会计，协助政府从事购房补贴申报审核工作，应认定为国家工作人员

根据《全国人民代表大会常务委员会关于〈中华人民共和国刑法〉第九十三条第二款的解释》（2009 年 8 月），村民委员会等村基层组织人员协助人民政府从事下列行政管理工作，属于刑法第九十三条第二款规定的“其他依照法律从事公务的人员”：1. 救灾、抢险、防汛、优抚、扶贫、移民、救济款物的管理；2. 社会捐助公益事业款物的管理；3. 国有土地的经营和管理；4. 土地征收、征用补偿费用的管理；5. 代征、代缴税款；6. 有关计划生育、户籍、征兵工作；7. 协助人民政府从事其他行政管理工作。

案例中，县财政拨付的资金属于鼓励农民进城入镇的专项奖补资金，设置三级把关。首先，由购房户向当地村居提出申请，由村居组织核实同意；其次，由乡镇进行审核；最后，经县国土部门审批同意后，财政部门将奖补资金拨付给农户。徐某作为村会计，负责对申请人是否真实征迁、购房，是否符合申领购房补贴和搬迁奖条件进行初审，属于上述解释中“协助人民政府从事其他行政管理工作”，符合刑法第九十三条第二款中其他依照法律从事公务的人员，应以国家工作人员论。

二、徐某明知张某具有非法骗取财政资金的故意，仍积极给予帮助，主观上与张某形成了非法占有的共同故意

财产型犯罪中的“非法占有”一般是本人非法占有，也包括使特定关系人等关系密切的人非法占有。根据《最高人民法院、最高人民检察院关于办理受贿刑事案件适用法律若干问题的意见》（2007 年 7 月），“特定关系人”是指与国家工作人员有近亲属、情妇（夫）以及其他共同利益关系的人。

特定关系人与行为人往往具有亲密关系，这种亲密关系在经济利益方面可能体现为具有共同利益，也可能是特定关系人获取利益后，能给行为人减少其他方面的义务，而产生隐性利益，所以特定关系人占有财物与国家工作人员本人占有财物并无本质不同，特定关系人获利，亦相当于国家工作人员本人获利。因此，国家工作人员利用职务便利，帮助特定关系人非法占有公共财物的，也应以贪污罪共犯论处。

该案中，张某作为徐某的外公，系徐某的亲属，属于徐某的特定关系人，徐某明知张某有非法占有目的，仍积极给予帮助，足以认定徐某在主观上与张某形成了共同的非法占有故意。

三、徐某协助政府从事购房补贴申报审核的职务便利，是张某能够成功骗取购房补贴和搬迁奖的关键

贪污罪中的“利用职务上的便利”，是指利用职务上主管、管理、经手公共财物的权力及方便条件，既包括利用本人职务上主管、管理公共财物的职务便利，也包括利用职务上有隶属关系的其他国家工作人员的职务便利。最高人民法院《关于审理贪污、职务侵占案件如何认定共同犯罪几个问题的解释》第一条的规定：行为人与国家工作人员勾结，利用国家工作人员的职务便利，共同侵吞、窃取、骗取或者以其他手段非法占有公共财物的，以贪污罪共犯论处。

实践中，骗取型贪污犯罪，行为人在实施贪污行为时，都会虚构事实、隐瞒真相，使得有处分权的人产生错误认识，并基于错误认识而处分公共财物，从而实现非法占有公共财物目的。

本案中，徐某作为村会计，对村内情况最为了解，政府也是基于此才委托其对购房补贴申报工作进行初核初审，其职责是申领购房补贴和搬迁奖的第一道审核关口。因此，徐某对购房补贴和搬迁奖负有主管、管理职责。徐某利用其职务便利，积极出具虚假证明和审批意见，徐某的职务行为在骗取购房补贴和搬迁奖中，起着决定性作用。因此，徐某和张某的行为在主观和客观上均符合贪污罪的构成要件，属于职务犯罪，而不是普通的诈骗犯罪，应认定徐某和张某共同构成贪污罪。

（孙　李　徐　浩）

（原载于《中国纪检监察报》2019 年 10 月 9 日）

14. 安排亲友在所属国企挂名领薪如何定性

典型案例

甲公司系乙国有公司的参股企业。2012 年 1 月，张某经乙国有公司党政联席会议任命，出任甲公司总经理。2014 年 10 月，甲公司因经营困难进行改制，仅保留少数行政人员在岗，将大部分职工转为“待岗职工”。2015 年 1 月，张某明知甲公司没有用工需求且已有大量“待岗职工”的情况下，利用职务便利，个人违规决定以甲公司名义与其妻李某、其弟媳陈某（与张某无共同经济利益关系）以及朋友介绍的王某、周某签订劳动合同，并直接转为“待岗职工”。2015 年 1 月至 2018 年 10 月，甲公司在改制期间按照原“待岗职工”的标准为李某、陈某、王某、周某发放工资、缴纳“五险一金”共计 160 万余元（李某、陈某、王某、周某各领取 40 万余元）。

处理意见

对于张某的行为应如何认定，有 3 种不同意见。

第一种意见认为：张某身为国有企业管理人员，在明知甲公司没有用工需求的情况下，违规招录李某等 4 人并直接安排待岗，造成国有公司公共财产损失 160 万余元，其行为构成国有公司、企业人员滥用职权罪。

第二种意见认为：张某身为国有企业管理人员，在明知甲公司没有用工需求的情况下，违规招录王某、周某并直接安排待岗，致使国家利益遭受损失 80 万余元，其行为构成国有公司、企业人员滥用职权罪；违规招录其妻李某、其弟媳陈某，并以直接安排待岗领取薪酬的形式从甲公司侵吞 80 万余元款项，构成贪污罪。

第三种意见认为：张某身为国有企业管理人员，在明知甲公司没有用工需求的情况下，违规招录陈某、王某、周某并直接安排待岗领取薪酬，致使国家利益遭受损失 120 万余元，构成国有公司、企业人员滥用职权罪；违规招录其妻李某，并以直接安排待岗领取薪酬的形式从甲公司侵吞 40 万余元款项，构成贪污罪。

评析意见

笔者同意第三种意见，具体分析如下。

一、张某违规招录王某、周某并直接安排待岗领取薪酬，构成国有公司、企业人员滥用职权罪

张某在明知甲公司没有用工需求的情况下，违规招录王某、周某并直接安排待岗，致使国家利益遭受重大损失，应构成国有公司、企业人员滥用职权罪。

一是从主体身份上看，张某具有国家工作人员身份。根据“两高”《关于办理国家出资企业中职务犯罪案件具体应用法律若干问题的意见》第六条第一款规定，经国家机关、国有公司、企业、事业单位提名、推荐、任命、批准等，在国有控股、参股公司及其分支机构中从事公务的人员，应当认定为国家工作人员。同时，根据《关于办理国有企业管理人员渎职犯罪案件适用法律若干问题的意见》有关规定，“国有企业管理人员”与“国家出资企业中的国家工作人员”范围一致。据此，张某系经乙国有公司党政联席会议任命出任甲公司总经理，具有国有企业管理人员身份，属于国家出资企业中的国家工作人员。

二是从客观表现上看，张某具有滥用职权行为。国有公司、企业人员滥用职权罪中的“滥用职权”，主要是指行为人超越职权或者不正当行使职权，通常表现为超越职权擅自决定、处理无权事项，或者背离职务要求，胡乱作为以及故意不履职等。根据《关于办理国家出资企业中职务犯罪案件具体应用法律若干问题的意见》第四条第一款规定，国家出资企业中的国家工作人员在公司、企业改制或者国有资产处置过程中严重不负责任或者滥用职权，致使国家利益遭受重大损失的，依照刑法第一百六十八条规定，以国有公司、企业人员失职罪或者国有公司、企业人员滥用职权罪定罪处罚。据此，张某作为甲公司的总经理，在明知甲公司没有用工需求且已有大量“待岗职工”的情况下，滥用职权，违规以甲公司名义与王某、周某签订劳动合同，并直接转为“待岗职工”，致使甲公司为王某、周某发放工资、缴纳“五险一金”共计80万余元，致使国家利益遭受重大损失，符合国有公司、企业人员滥用职权罪的构成要件。

二、张某违规招录其妻李某并直接安排待岗领取薪酬，构成贪污罪

在违规招录其妻李某一事上，张某虽然具有滥用职权的故意，且致使国家利益遭受重大损失，但是从其主观心态和客观行为表现看，其具有通过特定关系人直接占有公共财物的主观故意，该行为属于直接侵吞国有财产的行为，应构成贪污罪。

一是从主观上看，张某具有非法占有公共财物的故意。国有公司、企业人员滥用职权罪一般不具有非法占有的目的，如果有非法占有的目的，一般也是以超越职权或者不适当行使职权等方式侵占国有财产，其行为具有间接性、多样性等特点。而贪污罪中非法占有公共财物的主观方面一般为故意且具有直接性。本案中，张某虚构用工关系并个人决定以甲公司名义与其妻李某签订劳动合同，致使李某领取工资待遇共计40万余元，具有非法占有公共财物的主观故意。张某虽然未直接占有上述款项，但是其与李某系夫妻关系，符合贪污罪中非法占有公共财物的构成要件。

二是从客观上看，张某实施了侵吞国有财产的行为。国有公司、企业人员滥用职权罪的客观表现通常为超越职权或者不正当行使职权，而贪污罪的客观表现通常表现为侵吞、窃取、骗取或者以其他手段等。张某作为国家出资企业中的国家工作人员，安排其妻李某在没有实际工作的情况下领取薪酬，实质上就是以零劳动成本换取国有企业的工资、奖金、福利等按劳分配的财产性收益，从其本质而言，属于变相侵吞国有财产的行为。需要指出的是，秘密性并非贪污行为的构成特征，不论秘密还是公开，采取上述手段贪污公共财物的行为均可以构成贪污罪。

三、张某违规招录陈某并直接安排待岗领取薪酬，构成国有公司、企业人员滥用职权罪

陈某虽然系张某弟媳，但是张某与陈某无共同经济利益关系，陈某从甲公司领取的款项为自己独自占有，张某主观不具有非法占有目的，对陈某领取的款项也未实际控制，不具有使用、支配等权利，双方也缺乏共同贪污的故意，因此，对张某违规招录陈某并直接安排待岗领取薪酬的行为，不宜认定构成贪污罪，应按照构成国有公司、企业人员滥用职权罪予以认定。

需要指出的是，实践中，因滥用职权造成国有控股、参股公司的经济损失，是否需要扣除非国有资本份额对应部分的损失，即采用整体说还是比例说，存在较大争议。笔者认为，采用整体说较为合理。主要理由是：企业的收益及债务都是基于一个经营整体才能产生，在适用刑法时理应对企业的资产整体进行保护，且实践中企业股权结构的多元化、复杂化日益明显，“国有资本”比例有时动态变化难以精准计量，采用比例说有可能导致犯罪数额难以计算而发生放纵犯罪的情况。

（刘　旺）

（原载于《中国纪检监察报》2022 年 6 月 1 日）

15. 村干部侵吞村民社会保险款如何定性

典型案例

郎某某，中共党员，某区某镇大源村党委委员，该村社会保险联系人，负责村民与区人力资源和社会保障局之间的联系工作。该区关于被征地人员社会保险制度实施办法规定，被征地人员的失地保险资金由政府、村集体、个人共同承担，其中村集体和个人部分由行政村统一筹集并缴入“被征地人员基本生活保障基金”专户；在办理完失地保险后，符合条件的村民可以一次性补缴养老保险金，到年龄后享受退休养老待遇。一次性养老保险金由个人缴纳，存入社会保险的个人账户。

2016 年至 2017 年，郎某某收取 6 名被征地人员的失地保险金和一次性养老保险金共计 32.14 万元，其中失地保险金 8 万元，一次性养老保险金 24.14 万元，但未办理保险，而是用于归还个人债务及赌博。因村民多次催促，同时为让村民相信已办理保险，郎某某以银行系统出错为由，假借银行名义由其个人分期打款给三名村民共 1.69 万余元。

处理意见

第一种意见认为：郎某某是受村委会分配负责社会保险资金的收缴，属于职务行为，但其侵吞的资金属于村民个人，其收取村民保险款上交到社保账户属于村集体事务，不具有协助政府从事公务的性质，其侵吞村民保险金的行为构成职务侵占罪。

第二种意见认为：收取的保险金来源于村民，不是公款，郎某某收取村民保险金办理保险的行为是帮助村民代办业务，在此过程中，郎某某将款项用于个人使用，事前未向村民说明两种保险的区别，致使村民误认为两种保险都要由村委会代办，具有非法占有的目的，事后郎某某为掩盖未替村民办好保险的目的而采取欺骗手段，构成诈骗罪。

第三种意见认为：郎某某收取村民失地保险金并到人力资源和社会保障局办理保险的工作是协助政府从事公务的行为，属于国家工作人员，侵吞失地保险金 8 万元的行为构成贪污罪；郎某某收取村民一次性养老保险金并到人力资源和社会保障局办理保险的工作是帮助村民代办的个人行为，不属于职务行为，骗取一次性养老保险金24.14万元的行为构成诈骗罪。

评析意见

笔者同意第三种意见，本案中郎某某构成职务侵占罪、贪污罪还是诈骗罪，关键要区别两个问题：一是收取村民保险金办理保险的行为是职务行为还是个人行为，这是职务侵占罪或贪污罪与诈骗罪的分界。如果是职务行为，要进一步区分是协助政府从事公务还是村集体事务，这是职务侵占罪与贪污罪的分界。二是两种保险收缴规则有何区别，是全部属于侵占贪污还是属于部分侵占贪污、部分诈骗。

依据2000年全国人大常委会《关于〈中华人民共和国刑法〉第九十三条第二款的解释》第二款规定的村民委员会等村基层组织人员协助人民政府从事第（一）项“救灾、抢险、防汛、优抚、移民、救济款物的管理”工作时，属于刑法第九十三条第二款规定的“其他依照法律从事公务的人员”。本案中，根据政府授予的职权代收失地保险金属于救济款物的管理工作。此案还涉及诈骗罪和职务侵占罪的适用，两罪主观上都有非法占有的目的，手法都可以是骗取，其区别一是诈骗没有利用职务上的便利，职务侵占有利用职务上的便利；二是诈骗的对象是公私财物，而职务侵占的对象是公司、企业和其他单位的财物。

本案中，不能简单地从工作分配角度认定郎某某收取村民保险金办理保险的行为是职务行为还是个人行为，或机械地从资金来源上判断是公款还是私款，而要从政府针对具体的社会保险工作有无授权管理的角度分析。

根据该区关于被征地人员社会保障制度实施办法的规定，被征地人员的失地保险资金中由村集体和个人负担部分，由行政村统一筹集并一次性缴入专户。这就意味着，政府将失地保险资金收缴工作职责授权给村委会行使，郎某某从事收缴失地保险资金属于协助政府从事公务的行为，此时郎某某属于国家工作人员。因此郎某某侵吞失地保险金 8 万元的行为构成贪污罪。

根据该区关于被征地人员社会保险制度实施办法的规定，被征地人员在办理完失地保险后，失地村民符合条件的可以一次性补缴养老保险金享受养老待遇，一次性养老保险金由个人自行缴纳，政府没有委托村委会代办，村委会没有职责替村民代办。本案中，郎某某利用社会保险联系人的身份便利，让村民误以为两种保险都必须由村委会办理，而将 24. 14 万元交给郎某某。实际上，没有办理失地保险，根本无法办理养老保险。郎某某事前不解释政策，事后采取欺骗手段掩盖未办理保险的真相，因此其收取养老保险金的行为不是职务行为，非法骗取占为己有的行为构成诈骗罪。

综上，郎某某侵吞失地保险金的行为应以贪污罪定罪，其贪污的失地保险金系社保基金，属于2016年“两高”《关于办理贪污贿赂刑事案件适用法律若干问题的解释》第一条第二款规定的“其他较重情节”中的第（一）项“贪污救灾、抢险、防汛、优抚、扶贫、移民、救济、防疫、社会捐助等特定款物的”，应当依法从重处罚；郎某某骗取一次性养老保险金的行为应以诈骗罪定罪处罚；同时，应数罪并罚。

（孙红芬　浙江省杭州市富阳区纪委监委）

（原载于《中国纪检监察报》2018年10月31日）

16. 基层组织人员非法占有土地征收补偿费如何定性

典型案例

案例一 甲某，中共党员，某区金村党支部书记。2016 年 6 月，金村部分土地被征收，甲某为政府土地征收工作组成员，利用协助政府清登、核准征收土地补偿项目之职权便利，通过伪造自己与村委会虚假土地租赁协议虚构土地征收补偿项目，骗取土地征收补偿费用 1200 万元。

案例二 乙某，中共党员，某区木村村委会主任。2017 年 4 月，某工程征收木村土地，乙某协助人民政府从事土地征收补偿费用的行政管理工作，涉及补偿该村 6 名村民青苗补偿费 15 万元和补偿村集体土地补偿费 350 万元。同年 9 月，将两项资金共计 365 万元支付给村集体保管的账户后，乙某卷款欲外逃被依法留置。

处理意见

上述案例的争议焦点为，如何认定行为人的非法占有行为？何种行为构成贪污罪？何种行为构成职务侵占罪？

评析意见

实践中，因村委会等村基层组织人员具有自治管理村集体事务和协助人民政府从事行政管理工作的双重职能，此类人员非法占有土地征收补偿费用的行为可能涉及的罪名有贪污罪和职务侵占罪，何种行为认定为职务侵占、何种行为认定为贪污需要厘定，下面结合案例进行定性分析。

一、如何区分贪污罪和职务侵占罪

贪污罪与职务侵占罪存在密切联系，从刑法立法历程上看，职务侵占罪是由贪污罪分化而来，两者区别主要表现在两个方面：第一，犯罪主体不同，贪污罪的主体是特殊主体，即刑法第九十三条规定的国家工作人员；而职务侵占罪的主体则是一般主体。第二，犯罪客体不同，贪污罪侵犯的法益是复杂客体，既侵犯了国家工作人员的职务廉洁性，又侵犯公共财产所有权；而职务侵占罪只侵犯单位财产所有权。实践中，对村委会等村基层组织人员非法占有土地征收补偿费用行为认定标准的落脚点也在这两个区别上，即从行为人是否属于协助人民政府从事土地征收补偿费用的行政管理工作和是否利用该工作之职权便利侵占公共财产这两个方面来综合把握，只有在行为人协助人民政府从事土地征收补偿费用的行政管理工作中，利用职权便利非法占有公共财产，才能构成贪污罪。

二、案例一中甲某的行为构成贪污罪

我国刑法第九十三条和2000年全国人大常委会《关于〈中华人民共和国刑法〉第九十三条第二款的解释（2009修正)》（以下简称《解释》）明确了国家工作人员的定义和界限。据此，村委会等村基层组织人员协助人民政府从事土地征收补偿费用的行政管理工作时，属于刑法第九十三条第二款规定的“其他依照法律从事公务的人员”，以国家工作人员论。村委会等村基层组织人员协助人民政府从事土地征收补偿费用的行政管理工作具体主要包括协助政府开展清登、测算、核准及向土地征收受损方发放补偿费用等工作。案例一中，甲某为政府土地征收工作组成员，从事协助政府清登、核准征收土地等行政管理工作时，以国家工作人员论。甲某主观上具有非法占有土地征收补偿费用的故意，客观上在协助人民政府从事土地征收补偿费用的行政管理工作中利用负责清登、核准土地征收之职权便利，虚构补偿项目骗取土地征收补偿费用1200万元，其行为构成贪污罪。

三、案例二中乙某的行为构成贪污罪和职务侵占罪

认定一行为是否属于从事《解释》所规定的协助政府从事土地征收补偿费用的行政管理工作时，应当注重把握立法本意，注意从把握“管理工作”的工作性质和“土地征收补偿费用”的财产性质这两个方面来判断行为的实质。

案例二中，乙某非法占有青苗补偿费 15 万元之行为构成贪污罪。依据《中华人民共和国土地管理法实施条例》第二十六条之规定：土地补偿费归农村集体经济组织所有；地上附着物及青苗补偿费归地上附着物及青苗的所有者所有。15 万元青苗补偿费系集体土地被国家征收而支付给青苗所有者的一种土地征收补偿费用，归青苗所有者木村 6 名村民所有。该款先支付给村委会，由乙某协助政府发放给 6 位村民。青苗补偿费在村民取得所有权之前属于国家财产而非村集体财产，乙某保管及向村民发放青苗补偿费的工作性质是协助人民政府从事土地征收补偿费用的行政管理行为，在此工作中，乙某以国家工作人员论。乙某主观上具有非法占有青苗补偿费的故意，客观上在协助人民政府从事土地征收补偿费用的行政管理工作中利用负责管理青苗补偿费之职务便利，侵吞青苗补偿费 15 万元，其行为构成贪污罪。

乙某非法占有土地补偿费 350 万元之行为构成职务侵

占罪。350万元土地补偿费系木村集体土地被国家征收而支付给村集体的一种土地征收补偿费用，归木村村集体所有，该款拨给村集体后即为该村集体财产，乙某作为村干部在征收木村土地期间协助政府管理350万元土地补偿费之公务行为在土地补偿费到账时已经完成，补偿费到账后，乙某管理350万元土地补偿费的工作性质是管理村集体事务，因而在此工作中，乙某不能以国家工作人员论。乙某主观上具有非法占有土地补偿费的目的，客观上在管理村集体事务过程中利用职权便利侵吞集体财产，其行为构成职务侵占罪。综合上述，应认定乙某构成贪污罪和职务侵占罪。

（孙　威　北京市怀柔区纪委监委）

（原载于《中国纪检监察报》2018年8月22日）

17. 村民小组长伙同村民骗取拆迁补偿款如何定性

典型案例

甲某，中共党员，某区路砦村第一村民小组组长。乙某，中共党员，路砦村第一村民小组村民代表。该区于2012年8月成立了路砦村城中村改造项目指挥部，项目指挥部成立了路砦村改造搬迁指挥部，设立9个工作组，甲某是改造搬迁指挥部入户工作组第二村内工作组组长，具体负责联系该村一组拆迁补偿的所有工作，并有乙某及A、B、C、D、E（五人均非中共党员）等共12名村民代表协助其开展拆迁工作。

2013年至2014年期间，乙某及A、B、C、D、E认为拆迁工作辛苦，便与甲某商量虚报补偿物套取补偿款获利事宜。甲某为了与他们搞好关系，遂同意。于是，乙某等人伙同甲某，采取上报申报表时虚报的方式，共虚报了733

棵树套取了127780元，经甲某和村民代表在发放表上签字确认后，款项分别发放给乙某及A、B、C、D、E。其中乙某本人虚报370棵套取5.2万余元，A虚报98棵套取2.1万余元，B虚报73棵套取1.6万余元，C虚报70棵套取1.5万余元，D虚报80棵套取1.4万余元，E虚报42棵套取7560元。2018年5月，区纪委监委对甲某、乙某立案审查调查。随后，乙某及A、B、C、D、E通过甲某上缴12万余元所骗补偿款。

处理意见

针对该案中甲某、乙某行为的定性产生不同意见：

第一种意见认为：甲某伙同乙某等人，以非法占有为目的，利用甲某职务便利，骗取拆迁补偿款，以贪污罪共同犯罪论处。

第二种意见认为：甲某没有占有拆迁补偿款的主观故意，不构成贪污，其行为属于滥用职权，乙某构成诈骗罪。理由是：甲某未参与分配拆迁补偿款，不具有非法占有目的，但其利用职务便利帮助骗取补偿款，造成国有财产损失，属滥用职权，但因公共财产直接经济损失达不到30万元的够罪标准，所以甲某不构成犯罪，乙某构成诈骗罪。

第三种意见认为：甲某不属于协助乡镇人民政府、街道办事处从事行政管理工作的村民委员会、居民委员会等农村和城市基层组织人员，不属于贪污罪的主体。甲某、乙某二人有骗取拆迁补偿款的共谋，且具有相应的行为，构成诈骗罪。

第四种意见认为：甲某、乙某构成滥用职权罪违纪，理由是：甲某行为属于滥用职权，因数额达不到20万元，所以二人不构成犯罪，仅属一般违纪。

评析意见

笔者同意第一种意见。

一、关于甲某主体身份的认定

根据全国人民代表大会常务委员会《关于〈中华人民共和国刑法〉第九十三条第二款的解释》，甲某是该区成立的改造项目指挥部入户工作组村内工作组第二组组长，负责联系该村拆迁补偿工作，故甲某符合“村民委员会等村基层组织人员协助人民政府从事行政管理工作”的条件，属于监察法中规定的“其他依法履行公职的人员”。

二、“非法占有”目的的认定

“非法占有”不等于“非法占为己有”，贪污罪要求以非法占有为目的，不是要求非法占为己有。只要行为人取得公共财产缺乏合法依据，公共财物脱离所有权人而被行为人非法控制，即为“非法占有”，既可以是行为人企图将公共财物永久地占为己有，也可以是行为人将公共财物非法获取用作他途。根据 2016 年 4 月最高人民法院、最高人民检察院《关于办理贪污贿赂刑事案件适用法律若干问题的解释》第十六条规定的“国家工作人员出于贪污、受贿的故意，非法占有公共财物、收受他人财物之后，将赃款赃物用于单位公务支出或者社会捐赠的，不影响贪污罪、受贿罪的认定”，也可看出，“非法占有”不等于“非法占为己有”。对公款的占有目的，也是贪污罪与滥用职权罪、玩忽职守罪相区别的重要特征之一。

三、甲某伙同乙某等人利用职务之便实施了侵占国家拆迁补偿款的行为

乙某等人与甲某共谋，通过虚报骗取侵占拆迁款，并征得甲某同意，且甲某在发放表上签字认可，使国家拆迁补偿款脱离了国家控制，通过拆迁指挥部专用账户直接发至乙某等人，甲某、乙某的非法占有目的均已实现，完成了整个贪污犯罪所需的行为。

四、对甲某等人的定性处理

甲某伙同乙某以及 A、B、C、D、E 利用协助政府从事拆迁补偿工作的职务便利，骗取国家拆迁补偿款，七人成立贪污罪共同犯罪。同时甲、乙违反了《党纪处分条例》

相关规定，应根据《党纪处分条例》给予相应党纪处分，依据监察法给予甲相应政务处分。

（徐佳红　河南省郑州市金水区纪委监委）

（原载于《中国纪检监察报》2018 年 11 月 28 日）

18. 民警从扣押的手机中窃取他人财产涉嫌何罪

典型案例

俞某，S市公安局某分局派出所民警。2019年3月，俞某在办理一起涉嫌开设赌场案件中，依法抓获喻某某、惠某某、李某某等5人。在上述刑事案件侦查过程中，俞某依职权将上述5人的涉案手机进行扣押，因该派出所涉案财物管理室处于装修改造阶段，由俞某作为案件主办民警对上述5人的手机进行保管。因该5人系通过网络线上交易非法购买“六合彩”等方式进行赌博，因此在办案过程中俞某以侦查需要为由分别从上述5人处获取了各自的微信及支付宝密码。2019年3月至7月，俞某在保管喻某某等人手机期间，私自用上述5人的手机通过转账和消费方式，从5人的微信、支付宝账户余额中分187笔共计支出人民币638312.8元并据为己有。2019年11月，S市B区监委依法对俞某涉嫌违法犯罪问题进行立案调查。

处理意见

本案中，对被扣押手机的微信、支付宝账户内财产的性质，以及俞某涉嫌的罪名产生了争议：

第一种意见认为，喻某某、李某某等人微信、支付宝内财产为私人财产，俞某非法占有他人私人财产的行为涉嫌盗窃罪，应由公安机关管辖。

第二种意见认为，喻某某、李某某等人微信、支付宝内财产因和涉案财物高度混同，在侦查阶段应视为公安机关管理之下的公共财产，俞某身为国家机关工作人员，利用职务之便窃取管理的公共财产，涉嫌贪污罪，应由监委管辖。

评析意见

笔者同意第二种意见。

一、涉案手机内的微信、支付宝余额具有公共财产属性

喻某某、李某某等人系通过网络线上交易非法购买“六合彩”等方式进行赌博，俞某在扣押涉案手机后，依法对涉案人员进行讯问，得知涉案人员多数是通过微信、支付宝网络转账方式参赌，为查明涉案人员的赌资及具体获利数额，俞某在讯问过程中向涉案人员索要了微信、支付宝等软件的支付密码，并用标签记载粘贴于手机背面。首先，在查明涉案人员的参赌事实前，涉案手机微信、支付宝内参赌交易信息与私人合法交易信息高度混同，此时侦查机关需要对涉案手机微信、支付宝内的交易记录进行筛选甄别方可查明相关人员参赌的次数、金额等具体情况，侦查人员可依职权对涉案手机微信、支付宝涉嫌非法交易的情况进行侦查。其次，涉案手机微信、支付宝账户余额中，赌博所得以及赌资与犯罪嫌疑人的合法财产高度混同，在人民法院作出生效判决后，应依法对其中违法所得以及赌资进行没收或追缴，故此时涉案手机微信、支付宝内的财产应视为国家机关管理中的私人财产，以公共财产论。

二、俞某的行为利用了职务便利，侵犯了公权力的廉洁性

对于俞某究竟构成何种罪名，应着重看其非法占有他人财产的行为是否利用了公权力，是否侵犯了公权力的廉洁性。本案中，俞某利用了其国家机关工作人员的身份和保管犯罪嫌疑人涉案手机的职务便利，同时因案件侦查需要在讯问过程中向犯罪嫌疑人索要支付密码，进而通过掌握的密码窃取已处于国家机关管理中的私人财产。俞某之所以能成功实施窃取行为，完全取决于其具有扣押犯罪嫌疑人手机及刑事案件侦查的权力。而喻某某、李某某等人正是基于对公权力机关办案程序的服从以及办案民警的职务行为，才向俞某透露了支付密码。因此，俞某的行为利用了其职务便利且侵犯了公权力的廉洁性，涉嫌贪污罪而非盗窃罪。B 区监委依法查明俞某涉嫌犯罪问题后，2020 年 4 月，决定给予俞某开除公职处分，将其涉嫌犯罪问题移送检察机关依法审查、提起公诉。2020 年 7 月，该区法院一审判决俞某犯贪污罪，判处有期徒刑三年三个月。

值得注意的是，俞某之所以能够成功转移犯罪嫌疑人支付宝、微信里的资金，完全是因为其利用职权掌握了他人的支付密码，如果俞某是采取破解密码方式盗取他人与案件无关的电子账户内的资金，则定性值得商榷。此外，近年来网络金融呈多元化发展趋势，诸如微信、支付宝等支付软件除了自身搭载的金融属性外，还附带了绑定银行卡、信用卡甚至小额贷款功能，一旦支付密码被窃取，后果不堪设想，而现行法律及相关司法解释中并未对关联虚拟账户扣押、冻结的种类和程序进行细化，建议出台相关规定进一步规范。

（祝　锋　蒋　增　广东省深圳市宝安区纪委监委）

（原载于《中国纪检监察报》2021 年 1 月 13 日）

19. 套取行业协会资金涉嫌何罪

典型案例

马某，男，中共党员，某省保险行业协会办公室主任。2015 年 7 月，保险行业协会秘书长翟某授意马某签订一份虚构的临时物业服务合同，金额 14.3 万元，之后全部被翟某提现消费；2017 年 9 月，翟某又授意马某修改协会办公大楼装修合同，套取追加的装修费用 16.5 万元，被翟某用于家庭开支及个人消费。2014 年 5 月至 2019 年 2 月，马某利用职务之便借机虚增开支，从多个业务单位往来中套取资金转入个人账户，累计 100 余万元。

处理意见

本案对协会资金性质、马某身份及其犯罪行为如何定性，存在不同意见。

第一种观点认为：保险行业协会经费来源于各成员单位缴纳的会费，但受其主管部门的监督管理，是公共财产。马某与协会签订了行政服务合同，负责协会采购办公用品、文化宣传、装修办公用房等工作，其采用虚增相关费用套取协会资金，属于从事公务的行为，应构成贪污罪。

第二种观点认为：保险行业协会经费由各成员单位自愿缴纳，并非行政拨款，不是公共财产，马某系保险行业协会工作人员，无论是受翟某的指使套取资金行为，还是私下虚增部分开支并据为己有的行为，均构成职务侵占罪。

第三种观点认为：保险行业协会的经费是公共财产，马某受翟某（经省银保监局批准任职）指使套取资金 30.8 万元，属于共同贪污的行为。而马某系保险行业协会工作人员，虚增 100 余万元开支，并非法占为己有，属于职务侵占行为。故马某的行为构成贪污罪和职务侵占罪。

第四种观点认为：马某以非法占有为目的，采取虚构事实、隐瞒真相的方法，骗取协会的财物，马某的行为构成诈骗罪。

评析意见

笔者赞同第三种意见，结合案例分析如下。

一、协会资金及马某身份的界定

依据省保险行业协会章程相关规定，协会的资产管理必须执行国家规定的财物管理制度，接受业务管理部门和财政部门的指导、管理和监督；协会终止前的清算和剩余财产，在业务主管单位的监督下，按照国家规定处理。保险行业协会经费来源于各成员单位缴纳的会费，但受其主管部门的监督管理，是公共财产。本案中，协会的业务主管单位是省银保监局，其和协会是监督与被监督、管理与被管理的关系。因此，保险行业协会资产属于公共财产。

保险行业协会既不是机关事业单位，也不是企业，而是介于两者之间并联系两者的社会团体法人。本案中，马某与协会签订的是一般劳动合同，属于社会团体中的非国家工作人员范畴。

二、马某与翟某构成共同贪污

保险行业协会接受银行保险监管部门的管理和监督，协会的部分职责是银行保险监管部门职责的延伸，体现国家意志。而银保监局属于参公管理的事业单位，保协接受银保监局的监督和管理。本案中，翟某的保险行业协会秘书长职务系通过会员大会选举，又经省银保监局批复同意，对该协会有领导、组织、监督、管理职责，属于刑法第九十三条第二款规定的受国有事业单位委派从事公务的人员。因此，马某受翟某的指使，套取协会资金 30.8 万元，是共同侵吞公共财物的贪污行为。

三、马某单独构成职务侵占罪

根据刑法第二百七十一条之规定，职务侵占的犯罪主体可以由非国有公司、企业或者其他单位，如社会团体、非国有事业单位等单位中的非国家工作人员构成。职务侵占的犯罪客体是单位财物所有权，而犯罪对象是公司、企业或者其他单位的财物。本案中的马某作为保险行业协会工作人员，通过多个业务单位，以虚增费用的手段，套取并占有了协会100余万元的资金，已构成职务侵占罪。

综上所述，马某与受委托从事公务的翟某勾结，利用国家工作人员的职务便利，共同侵吞30.8万元的公共财物，构成贪污罪，且属共同犯罪；马某作为保险行业协会工作人员，利用职务之便，将本单位100余万元财物非法占为己有，构成职务侵占罪，应当数罪并罚。

（管绪江　江苏省南京市建邺区纪委监委）

（原载于《中国纪检监察报》2021年2月24日）

20. 公职人员骗取钱财占为己有如何定性

典型案例

案例一　2021年2月至12月，民警童某办理A、B涉嫌共同生产、销售假药案时，在追缴赃款过程中，以收缴非法获利（查实获利12万元）、销售金额或变更罪名等理由多次要求A、B家属代为退赃，并称多退多赔可从轻处罚；二人家属陆续交与童某个人共38万元，童某在执法办案系统外开具套版扣押清单让家属签字。所得款项被童某用于个人信用卡还款、日常消费。

案例二　2021年5月至8月，民警辛某调查C涉嫌诈骗案但未查实，偶然发现C的银行卡账户余额30万余元，谎称账户资金过多来路不明，可能系违法所得，需先行扣押，待查证后再退还，并制作一张虚假的接受物品清单；C信以为真，在清单上签字并向辛某个人银行账户转账30万元；后C多次催问，辛某以事情尚未查清等为由搪塞。辛某将所得钱款用于个人消费。

处理意见

第一种意见认为，童某、辛某利用处理相关工作事项或案件时经手、管理涉案财物的职务便利，编造理由骗取所交公款，侵犯了公共财产所有权和公职人员职务廉洁性，均构成骗取型贪污。

第二种意见认为，童某、辛某利用工作便利，虚构事实、隐瞒真相，让对方陷入错误认识处分财物，且财物均未交进公账不受单位管控，不属于公款，均构成诈骗。

第三种意见认为，童某借案件退赃之机编造理由让犯罪嫌疑人多退赃款给其个人，得款后应交公不交公，构成侵吞型贪污。辛某的骗取行为与职务无关，所得钱款更与单位无关，其骗取他人私财，应构成诈骗。

评析意见

笔者赞同第三种意见。公职人员骗取钱财占为己有，可能触犯贪污或者诈骗犯罪，如何定性存有争议。结合案例，分析如下：

一、考察犯罪过程有无利用职务便利

诈骗与骗取型贪污两者基本构造一致，主观上均以非法占有为目的，客观上均可采取欺骗方法，使具有处分权的受骗人产生或继续维持错误认识而处分财产。特殊之处在于诈骗主体、客体、方式、对象等差异，其中，最本质的差异是诈骗过程中有无利用职务便利，贪污罪客观要求行为人必须利用职务上主管、管理、经手公共财物的权力及方便条件，诈骗罪无此要求。

案例一中，童某作为刑事案件承办人员，追赃挽损乃办案职责所在，具体如何追赃，童某具有一定的决定权和处置权。正是基于这种职责，其才有条件在处理财物过程中实施欺骗，如果不利用这个便利，其侵吞目的不可能实现。至于让家属多退赃款有无超出职责范围，笔者认为并未超出，案件本要退赃，撇开本案，有时为弥补受害人损失多退赃款的情况也有，并不以非法获利为限，特别是共同犯罪案件；童某的行为前后具有延续性，均为一个非法占有故意支配下的客观行为，应视为一个履职整体，不应人为割裂。案例二中，违法行为查而不实，违法所得无从谈起；辛某以完全虚构的“违法所得”进行虚假“扣押”，纯系与职务无关的个人行为。

二、判断是否构成诈骗，重点考察交款人是否陷入认识错误

案例一中，存在真实案件，童某确系承办民警，案件本身需要退赃，这些前提条件没有虚构。此类案件的行为人在案发后对非法获利和退赔受害人有一定认知，至于如何退赃、退多少赃、该不该退，行为人一般不大了解也不会质疑。童某要求 A、B 退赃正当合理，虽然部分理由带有欺骗成分，但并不足以让他们陷于错误认识，促使他们愿意交付财物的主要因素是基于真实的案件基础，退赃是他们本应履行的法定义务。因此，童某不满足诈骗罪构成要件的该当性条件，不构成诈骗罪。而案例二中，案件基础不存在，辛某能够得逞，主要利用 C 对公安干警的信赖。

三、考察犯罪对象是否为公共财产

案例一中，童某利用承办案件的职务便利，代表公安机关强制要求当事人退赃所取得的财产，形式上符合国家公共财产取得的法定方式，当事人认为也有理由相信是国家收取的，所产生的法律后果最终亦由单位承担，这些公共财产不要求童某对财物的控制以合法为前提，不以是否交到单位公账为依据。需要指出的是，并不是任何公共财物都可以成为贪污对象，利用职务便利与公共财产之间也不是一种简单的相加关系，而具有内在关联性，只有当公职人员利用职务便利占有了公共财物（而非私有财产），或

基于职务对公共财物享有支配权、决定权，或对具体支配财物的人员处于领导、指示、支配地位，方可认定为贪污。显然，案例二中，辛某的骗取行为既未利用职务之便，所骗款项亦非公共财产，当以诈骗论处。

（段海龙　浙江省湖州市吴兴区纪委监委）

（原载于《中国纪检监察报》2022 年 7 月 27 日）

21. 职务犯罪中教唆行为怎样认定

典型案例

李某，甲镇副镇长，王某，甲镇财政所会计。2019 年 3 月，李某因购房急需用钱向王某提出借款 20 万元，王某表示手头没有那么多钱，李某便让王某从甲镇财政所某项目征地补偿款中先拿出 20 万元借用一下，并承诺在六个月之内归还。王某碍于情面，便应允了此事。事实上，王某采取制作虚假补偿款领取名册的方式，从镇财政所专项账户中提出 20 万元给了李某，在借款时未告知李某其制作虚假名册的事情。2019 年 8 月，李某将 20 万元交给王某，让其还到镇财政所账户上，但王某未将这笔钱还回，而是私下占为己有，并用这笔钱给儿子买了一辆车。

处理意见

本案中，王某主观上具有非法占有的目的，客观上利用职务之便通过制作虚假名册的方式将征地补偿款非法占为己有，涉嫌贪污罪没有争议。有争议的是，李某教唆王某挪用征地补偿款，但王某实施了贪污行为，对李某行为该如何定性？

第一种意见认为，李某的行为不成立犯罪。理由是李某教唆犯罪的内容与王某具体实施犯罪的内容不同，不能将王某贪污征地补偿款的行为归属于李某的教唆行为，故李某的行为不成立犯罪。

第二种意见认为，李某构成贪污罪（教唆犯）。理由是无论王某实施的是挪用公款行为还是贪污行为，都是李某教唆所引起的行为，都侵犯了国家工作人员职务廉洁性和公共财物所有权，应根据王某实施的具体违法行为来定性李某的行为。

第三种意见认为，李某成立挪用公款罪（教唆犯）。理由是挪用公款罪与贪污罪之间不是非此即彼的对立关系，二者是包含关系，即贪污罪一般也符合挪用公款罪的犯罪构成。本案中，即使无法证明王某具有非法占有的故意，但总有挪用公款的故意和行为，符合挪用公款罪的构成要件。李某主观上具有教唆他人挪用公款的故意，客观上实施的教唆行为引起王某实施了至少符合挪用公款罪犯罪构成的行为，所以李某成立挪用公款罪的教唆犯。

评析意见

笔者同意第三种意见。

一、挪用公款罪与贪污罪不是非此即彼的关系

刑法第三百八十二条规定，“国家工作人员利用职务上的便利，侵吞、窃取、骗取或者以其他手段非法占有公共财物的，是贪污罪”。贪污罪要求行为人明知自己的行为侵犯了职务行为廉洁性，会发生侵害公共财物所有权的结果，并且希望将其所管理、经营、使用的财产转移为自己或者第三人占有。

刑法第三百八十四条规定，“国家工作人员利用职务上的便利，挪用公款归个人使用，进行非法活动的，或者挪用公款数额较大、进行营利活动的，或者挪用公款数额较大、超过三个月未还的，是挪用公款罪……”挪用公款罪要求行为人明知自己的行为侵犯了职务行为廉洁性，会发生侵害公款的占有权、使用权和收益权的结果，并且希望或者放任这种结果发生。

对比贪污罪与挪用公款罪，其主要区别在于侵犯公款的权利不同，前者侵犯的是公款的所有权，后者侵犯的是公款的占有权、使用权和收益权。民法学中，所有权是指所有人依法对自己财产所享有的占有、使用、收益和处分的权利，故占有、使用、收益权包含在所有权之中，属于所有权的一部分，如果所有权遭受侵害，必然伴随着占有、使用、收益权遭受侵害。换言之，行为人如果构成贪污罪，其构成要件也符合挪用公款罪的犯罪构成要件。在实践中，行为人将公款转移给个人占有时，即使不能查明行为人是否具有归还的意思，在挪用时间和金额达到追诉标准时，也能够认定挪用公款罪，只要进一步查明行为人具有非法占有目的，就构成贪污罪。

二、教唆者与被教唆者无相同犯罪故意情况下，教唆犯如何定性

教唆犯虽然具有独立的犯罪性或可罚性，但并非独立的罪名，刑法中没有“教唆罪”这一种罪名，教唆犯所犯罪名是根据其教唆的内容来确定。在刑法学理论中，关于共犯的处罚根据，存在着共犯独立性说和共犯从属性说两种。前者认为教唆行为与正犯行为一样具有法益侵害性，都值得刑法处罚，教唆行为的成立不依赖于正犯。后者认为，教唆行为成立犯罪至少要求正犯者实施了值得刑法处罚的、使法益处于具体、紧迫的危险之中的行为，教唆犯的成立依赖于正犯的行为。共犯从属性说属于通说，在这个基础上，笔者提出教唆者与被教唆者无相同犯罪故意的三种情况，讨论教唆犯如何定性的问题。

第一种情况，假设本案中王某通过收受管理服务对象

20万元借给李某，即被教唆者王某没有实施符合挪用公款罪构成要件的行为，而是实施了符合受贿罪构成要件的行为，因挪用公款与受贿两罪之间不存在包含关系，不能将受贿行为评价为挪用公款行为，故不能将王某受贿行为归属于李某，李某不构成犯罪。

第二种情况，正如本案中被教唆者王某没有犯被教唆的挪用公款罪，但是实施了性质相同甚至更为严重的贪污罪，这种情况前文已分析过，李某应成立挪用公款罪，属于挪用公款罪的教唆犯。

第三种情况，如果本案中李某教唆王某实施贪污罪，但王某没有实施贪污罪而是实施了性质类似但更轻微的挪用公款罪，李某虽然有教唆王某实施贪污的故意，但是客观上王某未实施贪污行为，只有挪用行为，因为贪污罪犯罪构成也符合挪用公款罪犯罪构成，李某教唆贪污的故意可以评价为教唆挪用公款的故意，故李某成立挪用公款罪，属于挪用公款罪的教唆犯。

综上，在职务犯罪中，出现共犯过剩情况，即被教唆者的行为与结果超出了教唆犯的故意内容时，教唆犯在与其认识的事实相重合的范围内承担责任。

（刘瑞涛　江苏省盱眙县纪委监委）

（原载于《中国纪检监察报》2020年7月8日）

22. 一案两回扣的不同定性

典型案例

尹某，中共党员，S 市某区 F 街道办公务员。2018 年 4 月，尹某为该街道办采购一批办公家具。王某得知此事后主动找到尹某，希望尹某能从自己经营的 H 家具厂采购，并愿按合同金额 10%给尹某回扣，尹某应允。同年 5 月，在尹某的帮助下，F 街道办向 H 家具厂采购了价值 35 万元的家具。尹某于事后收受王某所送回扣 3. 5 万元。

2019 年 2 月，F 街道办需要再次采购一批家具。王某按尹某提供的采购清单报价 32 万元，同时告知尹某该价格中有 10%是给他的回扣款。尹某听后表示，大家朋友多年，有钱一起赚，就不压王某的利润，让王某在此基础上提高报价，多出部分作为给自己的回扣。王某于是在原先报价的基础上再提高 10%，报价 35. 2 万元。同年 3 月，王某按此价格供货，并于事后送给尹某回扣 3. 2 万元。2019 年 8

月，某区纪委监委根据群众举报，对尹某涉嫌违纪违法问题进行立案审查调查。

处理意见

本案中尹某两次收受回扣的行为构成何种罪名？有两种不同意见：

第一种意见认为：尹某的行为构成受贿罪。尹某身为国家工作人员，利用自己负责为街道办采购办公家具的职务之便，先后两次从王某经营的家具厂采购办公家具，并于事后收受王某所送回扣共计 6.7 万元，构成受贿罪。

第二种意见认为：尹某两次收受回扣的行为性质不同。第一次收受王某所送回扣构成受贿罪，第二次收受王某所送回扣构成贪污罪。理由在于：尹某第二次收受的钱款名义上是回扣，实际是伙同王某通过虚增合同价格的方式套取的公款，是侵吞国家资财的行为。尹、王二人的行为已构成共同贪污罪。

评析意见

笔者赞同第二种意见。

本案所涉贪污罪和受贿罪是两个常见罪名，仅从法条和司法解释来看，两个罪名边界清晰，但在实务中尤其是涉及回扣这个问题时，却容易混淆。

一、尹某第一次收受回扣的行为构成受贿罪

尹某身为国家工作人员，利用自己经手负责为F街道办采购办公家具的职务便利，将该项业务委托给了王某经营的家具厂。王某为了表示对尹某的感谢，按照此前承诺约定，以合同金额10%计算，送给了尹某回扣3.5万元。根据刑法第三百八十五条第二款之规定，国家工作人员在经济往来中，违反国家规定，收受各种名义的回扣、手续费，归个人所有的，以受贿论处。尹某的行为符合上述规定，构成受贿罪。

二、尹某第二次收受回扣的行为构成贪污罪

尹某第二个行为表面上看与第一个行为无异，同样是收受回扣，同样构成受贿罪，但其实不然。下面，笔者从犯罪构成要件方面对尹某第二个行为进行分析。

主体要件方面。尹某作为F街道办公务员，是典型的国家工作人员，符合贪污罪的犯罪主体要件。

主观要件方面。在F街道办第二次采购办公家具的过程中，王某第一次报价32万元时，已经预留了给尹某的10%回扣款，若事情就此发展下去，尹、王二人的主观故意仍然是“以权换钱”，即利用尹某负责采购办公家具的职务便利，将该项业务交给王某，王某拿出部分利润以回扣的形式送给尹某作为回报。然而，尹某考虑到与王某多年的朋友关系，不愿压王某的利润，便提出让王某在32万元报价的基础上提高价格，多出的部分才算作给自己的回扣。王某照办。此时，尹、王二人的主观故意已发生变化，变成了“用权骗钱”，即两人合谋，在不减少王某利润的前提下，意图让F街道办额外支出部分钱款作为给尹某的回扣，其本质就是尹、王二人在主观上存在借助尹某的职务便利实现非法占有公共财产的目的。

客观要件方面。从作案方式来看，尹、王二人内外勾结，利用尹某具体负责采购办公家具的职务便利，在正常商业报价的基础上，虚增合同金额让F街道办错误地认为该合同金额即正常的合同价格，并最终“自愿”地向王某额外给付了3.2万元。王某在收到货款后，再把F街道办多付的这笔钱如数交给了尹某。尹某第二次收受的回扣并非王某经营利润的一部分，而是F街道办管理的公共财产。因而尹、王二人的行为在客观上属于以欺骗手段侵占公共财产，符合贪污罪客观要件的要求。

客体要件方面。贪污罪侵犯的是复杂客体，除了国家工作人员职务行为廉洁性之外，还包括公共财产所有权。受贿罪的本质是权钱交易，侵犯的是单一客体，即国家工作人员职务行为廉洁性。尹某第二个行为在形式上表现为利用职务便利为他人谋利，侵犯了国家工作人员职务行为廉洁性，与受贿罪所侵犯的客体相符。但尹某事后收受的钱款本质上是F街道办管理的公共财产。故尹、王二人的行为除了侵犯国家工作人员职务行为廉洁性之外，还侵犯了公共财产所有权。如果把尹某的行为定性为受贿罪，那么显然无法对其侵犯公共财产这一行为进行评价。综上，尹某的行为应当定性为贪污罪。

三、王某的第二个行为构成贪污罪共犯

最高人民法院《关于审理贪污、职务侵占案件如何认定共同犯罪几个问题的解释》中规定："行为人与国家工作人员勾结，利用国家工作人员的职务便利，共同侵吞、窃取、骗取或者以其他手段非法占有公共财物的，以贪污罪共犯论处。"

本案中，王某第二个行为原本的主观犯意是行贿，但在尹某的教唆下，变为与尹某合谋，采取虚增合同价格的方式，骗取公款3.2万元。在实施犯罪过程中，尹某起主导性作用，是尹某首先提出贪污的犯意，且实施过程中主要利用了其本人国家工作人员的职务便利，因此尹某应当被认定为主犯。王某在整个案件中起帮助作用，配合尹某实施犯罪，是从犯。虽然王某对贪污所得分文未取，但那仅是对犯罪所得的处置，并不影响对其涉嫌贪污罪的定性。

（张　帅　广东省深圳市龙华区纪委监委）

（原载于《中国纪检监察报》2020年9月2日）

23. 以单位名义出借公款并收受财物的行为如何定性

典型案例

李某，C 市某国有投资公司法定代表人、董事长。2017 年 3 月，李某利用职务之便，个人决定以该公司的名义借款人民币 800 万元给某私营企业，该企业于当月即将该笔借款归还，并送予李某好处费 6 万元。同年 11 月，李某又决定以投资公司的名义借款人民币 1200 万元给该私营企业使用，该企业一周后将 1200 万元借款归还，同时送予李某好处费 10 万元。经查，该私营企业两次借款均用于公司经营活动。

处理意见

对于李某出借公款并收受财物的行为应如何定性，存在两种不同意见：

第一种意见认为：李某个人决定以公司的名义将公款借给其他单位使用，数额较大且用于了营利活动，同时非法收受借款方送予的16万元，分别构成了挪用公款罪和受贿罪，应数罪并罚。

第二种意见认为：李某出借公款并收受借款方16万元的行为，符合挪用公款“归个人使用”立法解释第三种情形下（个人决定以单位名义将公款供其他单位使用，谋取个人利益的）挪用公款罪的构成要件，又同时构成受贿犯罪，属于一个行为触犯数个罪名的想象竞合犯类型。因此，应按照想象竞合犯择一重罪处罚的原则对李某进行处罚。

评析意见

笔者同意第二种意见。现结合相关法律规定对李某的行为作简要评析。

一、对李某的行为不能以挪用公款罪和受贿罪数罪并罚

刑法第三百八十四条规定，国家工作人员利用职务上的便利，挪用公款归个人使用，进行非法活动的，或者挪用公款数额较大、进行营利活动的，或者挪用公款数额较大、超过三个月未还的，是挪用公款罪。根据上述规定，行为人构成挪用公款罪，首先需要满足挪用公款“归个人使用”这一前提条件。为规范实践认定，2002 年全国人大常委会《关于〈中华人民共和国刑法〉第三百八十四条第一款的解释》明确了挪用公款“归个人使用”的三种情形：（一）将公款供本人、亲友或者其他自然人使用的；（二）以个人名义将公款供其他单位使用的；（三）个人决定以单位名义将公款供其他单位使用，谋取个人利益的。上述立法解释的前两种情形，行为人仅需要实施相关挪用公款的行为即满足“归个人使用”要件，进而构成挪用公款罪，在这两种情形下，行为人挪用公款，同时收受他人财物的，应根据《关于审理挪用公款案件具体应用法律若干问题的解释》第七条“因挪用公款索取、收受贿赂构成犯罪的，依照数罪并罚的规定处罚”，对行为人以挪用公款罪和受贿罪进行数罪并罚。

但在立法解释的第三种情形下，即“个人决定以单位名义将公款供其他单位使用，谋取个人利益的”，行为人构成挪用公款罪必须以“谋取个人利益”为要件，没有谋取个人利益的，便不构成挪用公款罪。根据相关司法解释的规定，这里的“个人利益”既包括不正当利益，也包括正当利益；既包括财产性利益，也包括非财产性利益，如升学、就业等。本案中，李某个人决定以公司名义将公款两次借给某私营企业使用，同时收受了借款方送予的 16 万元，符合立法解释所规定的挪用公款“归个人使用”的第三种情形，构成挪用公款罪。同时，李某收受借款方 16 万元的行为，也符合受贿罪的构成要件。但由于在挪用公款罪的认定中，已将李某收受财物的行为评价为“谋取个人利益”，如果再将其收受财物的行为认定为受贿罪，并与挪用公款罪数罪并罚，则明显违反了对同一事实或行为禁止重复评价的原则。因此，对李某的行为不能以挪用公款罪和受贿罪进行数罪并罚。

二、对李某的行为应按照想象竞合犯的处罚原则择一重罪处罚

刑法理论通说认为，想象竞合犯是指行为人的一个犯罪行为同时触犯两个以上罪名的情况。想象竞合犯作为观念上的数罪、实质的一罪，其处罚原则是选择触犯较重的一个罪名进行处罚。这实际上是贯彻了一行为一处罚，禁止对行为进行重复评价的原则。本案中，李某个人决定以公司名义出借公款后，收受借款方 16 万元财物的行为，既符合受贿罪的构成要件，又满足挪用公款“归个人使用”立法解释的第三种情形，可构成挪用公款罪，属于一行为同时触犯受贿罪和挪用公款罪。由于李某挪用公款的数额达 2000 万元，收受财物的数额为 16 万元，根据《关于办理贪污贿赂刑事案件适用法律若干问题的解释》的相关规定，李某挪用公款行为的法定刑要明显高于受贿行为，因此，对李某应以挪用公款罪定罪处罚。

三、李某所收受的16万元系违法所得，应予以追缴

刑法第六十四条规定："犯罪分子违法所得的一切财物，应当予以追缴或者责令退赔；对被害人的合法财产，应当及时返还；违禁品和供犯罪所用的本人财物，应当予以没收。"其中，"违法所得的一切财物"是指犯罪分子因实施犯罪活动而取得的全部财物，包括金钱和物品等。本案中，李某所收受的16万元即属于违法所得，应依法予以追缴。

（李丁涛　重庆市纪委监委第十二审查调查室）

（原载于《中国纪检监察报》2020年7月22日）

24. 党政领导干部指使下级国家机关工作人员借用公款怎样认定

典型案例

火某，中共党员，A 市市委书记。赵某，私营企业主，与火某存在长期利益输送关系。2016 年初，赵某以资金紧张为由，请求火某帮忙借款。火某得知 A 市交通局下属的交通投资公司（简称“交投公司”）有闲置资金，遂指使 A 市交通局长兼交投公司董事长方某尽快出借资金给赵某使用。此后，三人多次就借款数额、方式及进展情况等进行商议。为掩盖事实真相，方某与下属的某县交通局长杜某、某县工业集聚区管委会主任李某等人商定，通过多家单位之间签订借款协议的方式，将公款 5000 万元由交投公司出借给赵某实际控制的公司。随后，交投公司与县交通局签订《资金使用协议》。2016 年 10 月 31 日，交投公司向县交通局转款 5000 万元。同日，县交通局与县工业集聚区管委会签订《借款协议》，将该5000万元转给县工业集聚区管委会。同日，县工业集聚区管委会又与赵某实际控制的公司签订《借款协议》，并于11月1日将5000万元转给赵某实际控制的公司用于企业经营。2017年8月，“借款”到期后，赵某及其公司除归还县工业集聚区管委会100万元外，其余本息至案发仍未归还。

处理意见

对火某未利用自身职务便利，而是通过其他具有职务便利的国家机关工作人员挪用公款，以单位名义借给私营企业主的行为如何定性，主要有两种意见：

第一种意见认为：火某作为市委书记，不具备直接管理、经手、支配交投公司公款的职权，不能认定为挪用公款。由于火某超越职权，指使市交通局长方某违规行使职权，导致出借的公款无法收回，致使国家遭受重大损失，应认定为滥用职权。

第二种意见认为：火某因与赵某存在长期利益输送关系，在赵某提出“借款”要求后随即应允，并向方某表明挪用公款的犯意。后经三人合谋，由方某具体实施，以单位名义将公款借给赵某公司用于经营，火某从中谋取个人利益，三人构成挪用公款的共犯。

评析意见

笔者同意第二种意见，火某的行为构成挪用公款罪，理由如下：

一、从主观犯意分析，认定火某构成挪用公款罪更为准确

滥用职权罪指国家机关工作人员，滥用职权，致使公共财产、国家和人民利益遭受重大损失的行为，属于结果犯。挪用公款罪指国家工作人员利用职务上的便利，出于一定目的挪用公款归个人使用，属于行为犯。二者均属于职务犯罪，而且在实践中，挪用公款行为往往与滥用职权行为相伴随，挪用公款行为本身就是一种特殊的滥用职权行为。

区分两罪的关键在于，国家机关工作人员在履行公务过程中，其犯意是基于法定程序中职务行为行使的违规违法性附随产生的，还是基于其他特殊、具体的动机直接产生的；刑法处罚的对象是犯意支配下造成的结果，还是犯意引发的行为本身。滥用职权罪的犯意往往是复杂的、多方面的，导致的后果通常带有偶然性，行为人往往只是预见到结果发生的可能性，但并不是积极追求结果发生。而挪用公款罪的犯意指向性较为特定，目的是直接的、具体的，行为人对挪用公款这一犯罪结果也是积极追求的。

本案中，火某的犯意内容是认定构成挪用公款罪或构成滥用职权罪的关键点。火某与赵某长期存在利益输送关系，二人合谋后，决定由火某出面通过相关部门或单位“拿钱”，解决赵某资金短缺的问题。为此，火某多方寻找筹款渠道，最终将方某管理的交投公司作为筹款的源头，所以火某的犯意是直接的、明确的、具体的，其在主观上突显出明确的导向性，直奔挪用公款的主题而去，而不是在履职过程中超越其市委书记的职权，或不正确履行职权的问题。所以认定火某构成挪用公款罪更符合其主观犯意的本质特征。

二、从共犯角度分析，认定火某构成挪用公款罪更为准确

1. 火某、方某、赵某三人具备挪用公款的共同故意。共同犯罪是指二人以上共同故意犯罪。挪用公款共同犯罪案件中，必须把握三个要件：第一，主体方面必须具有两个以上具备完全刑事责任能力的自然人，且至少有一方具有国家工作人员身份；第二，主观方面各行为主体具有挪用公款的共同故意；第三，客观方面各行为主体实施了利用其中国家工作人员的职务之便，挪用公款的行为。本案中，火某、方某、赵某均知道自己是在实施挪用公款的行为，且相互之间知道是在利用方某的职务便利共同实施挪用行为，而且三人对侵犯公款占有权、使用权、收益权的后果都持积极追求的心态，符合共犯构成主观要件。

2. 火某、方某、赵某三人共同出谋策划，成立挪用公款罪的共犯。最高人民法院《关于审理挪用公款案件具体应用法律若干问题的解释》（以下简称《解释》）第八条规定："挪用公款给他人使用，使用人与挪用人共谋，指使或者参与策划取得挪用款的，以挪用公款罪的共犯定罪处罚。"该解释规定了使用人与挪用人构成共犯的情况。实际上，不仅仅是使用人，其他人与挪用人共同谋划和实施挪用行为的，也可以成立共犯。

本案中，火某是挪用公款罪的犯意发起者、积极推动者、决策授意者，方某是挪用公款的具体实施者，赵某是挪用公款的具体参与者。三人事前多次充分通谋，事中想方设法寻找公款来源予以挪用且彼此合意，事后主动追求挪用结果的发生，并实际达成目的，属于典型的挪用公款共犯。

综上，作为党政领导干部的国家机关工作人员，在挪用公款过程中必然伴有滥用职权的行为，将其行为认定为挪用公款罪还是滥用职权罪，需要透过"超越职权、不正确履行职权"的行为表象，看到其所侵害法益及主观犯意的本质。滥用职权罪侵犯的法益是国家机关公务的合法、公正，有效执行以及国民对此的信赖。而挪用公款罪侵犯的法益则是公款的占有权、使用权、收益权以及国家工作人员职务行为廉洁性。火某挪用公款的主观故意非常明显，其行为所导致的结果是造成公共财产被非法使用。另外，从共同犯罪理论来看，火某作为市委书记指使市交通局长方某，擅自将单位公款挪给赵某用于企业经营，构成挪用公款罪的共犯。同时，火某因收受赵某贿赂而指使方某将公款挪归赵某企业使用，根据《解释》第七条“因挪用公款索取、收受贿赂构成犯罪的，依照数罪并罚的规定处罚”，还构成受贿罪，应当按照挪用公款罪和受贿罪数罪并罚。

（龚昌明　田　亮　甘肃省纪委监委）

（原载于《中国纪检监察报》2019 年 10 月 23 日）

25. 禁止重复评价原则在审理实践中的适用

典型案例

罗某某，男，中共党员，某区人民医院党委书记、院长。2016 年 7 月，罗某某利用职务便利，在药品采购、款项结算等方面为某医药公司法定代表人王某某谋取利益，收受王某某人民币 8.6 万元。2016 年 10 月，罗某某个人决定以单位名义将单位账户上 500 万元公款分两次借给王某某公司经营使用，并分 3 次收受王某某人民币共计 4 万元，2017 年 5 月，王某某分多次将 500 万元归还。

处理意见

该案中，对罗某某涉嫌的罪数和犯罪数额存在分歧。

第一种意见认为：罗某某收受王某某 12.6 万元，构成受贿罪，同时个人决定将单位500万元公款挪用给其他单位使用，构成挪用公款罪，应该两罪并罚。

第二种意见认为：罗某某收受王某某8.6万元以受贿罪论处，而收受4万元系罗某某个人决定将单位公款挪给王某某公司使用后谋取的个人利益，此时挪用公款罪和受贿罪构成想象竞合，依据从一重原则，应按挪用公款罪定罪后和受贿罪合并处理。

评析意见

笔者同意第二种意见，现论述如下。

一、个人决定以单位名义将公款供其他单位使用中谋取个人利益的认定

2002年4月28日，第九届全国人大常委会第二十七次会议通过的《关于〈中华人民共和国刑法〉第三百八十四条第一款的解释》规定，认定挪用公款归个人使用，需要有下列情形之一：(1) 将公款供本人、亲友或者其他自然人使用的；(2) 以个人名义将公款供其他单位使用的；(3) 个人决定以单位名义将公款供其他单位使用，谋取个人利益的。其中前两种情形构成挪用公款罪不以行为人谋取个人利益为要件，此时若行为人产生新的犯意，向他人索要或者非法收受他人财物的，根据最高人民法院《关于审理挪用公款案件具体应用法律若干问题的解释》第七条第一款“因挪用公款索取、收受贿赂构成犯罪的，依照数罪并罚的规定处罚”的规定，应对行为人以挪用公款罪和受贿罪进行数罪并罚。至于第三种情形，挪用公款罪的构成必须以行为人谋取个人利益为要件，此时个人决定以单位名义将公款供其他单位使用和谋取个人利益被合并评价为“挪用公款归个人使用”，若个人决定单位对单位借款但没有谋取个人利益的，不能认定为挪用公款归个人使用，不以挪用公款罪处理。

《全国法院审理经济犯罪案件工作座谈会纪要》规定，个人决定单位对单位借款中的谋取个人利益，既包括行为人与使用人事先约定谋取个人利益实际尚未获取的情况，也包括虽未事先约定但实际已获取了个人利益的情况。其中的个人利益，既包括不正当利益，也包括正当利益；既包括财产性利益，也包括非财产性利益，但这种非财产性利益应当是具体的实际利益，如升学、就业等。《关于办理贪污贿赂刑事案件适用法律若干问题的解释》第十二条规定，贿赂犯罪中的财物，包括货币、物品和财产性利益。个人决定单位对单位借款中“谋取个人利益”的范围更为宽泛，涵盖贿赂犯罪中的财物范围，收受他人贿赂属于谋取个人利益的表现形式之一。

二、个人决定单位对单位借款并受贿的，属于挪用公款罪和受贿罪的想象竞合

罗某某个人决定单位对单位借款并收受王某某 4 万元，其中收受王某某钱款符合受贿罪中“非法收受他人财物”构成要件，个人决定单位对单位借款符合“为他人谋取利益”构成要件，此时罗某某行为符合受贿罪犯罪构成要件。同时，罗某某的行为又符合挪用公款罪的犯罪构成要件，此时受贿罪和挪用公款罪属于想象竞合，根据想象竞合从一重的刑法理论，应该选择受贿罪和挪用公款罪中处罚较重的罪行进行处罚。根据刑法和相关司法解释，若对罗某某以挪用公款罪论处，应判处五年以上有期徒刑；若以受贿罪论处，应判处三年以下有期徒刑或拘役，因此，对罗某某应以挪用公款罪定罪量刑。

若既将罗某某收受他人钱款作为挪用公款罪中谋取个人利益的要件进行评价，又将罗某某收受他人钱款作为受贿罪中收受他人贿赂要件进行再次评价，就对罗某某收受他人钱款这一行为进行了两次评价，违背刑法理论中禁止重复评价原则。同理，在执纪审理过程中，我们发现存在违纪违法党员被依法判处刑罚时，在刑事审判中已经充分考虑的从宽情节在党纪政务处分时再度评价的情况，比如：某乡镇一名党员犯故意伤害罪，鉴于其存在自首情节，法院依法判处其缓刑，乡镇纪委在给予其党纪处分时，对其投案自首的行为再次进行评价，没有给予该党员开除党籍

处分，我们对此予以纠正。正是这个原因，《关于贯彻执行〈事业单位工作人员处分暂行规定〉若干问题的意见》第二条规定，事业单位工作人员被依法判处刑罚的，按照《处分规定》第二十二条的规定执行，不适用第十三条、第十四条关于减轻处分或者免予处分的规定。《行政机关公务员处分条例》《党纪处分条例》中虽没有作出类似规定，但禁止重复评价的基本理念是相通的。

三、对个人决定单位对单位借款并有多次受贿的处理

实践中行为人存在个人决定单位对单位借款并有多次受贿的，要具体情况具体分析，结合案例分析如下：第一，如多次受贿与个人决定单位对单位借款之间有关联性，像本案中罗某某个人决定单位对单位借款与分三次收受王某某4万元钱款存在关联性，便成立挪用公款罪和受贿罪的想象竞合，应从一重罪处罚。第二，如多次受贿中有的受贿与个人决定单位对单位借款有关联性，而其他受贿无关联性，如案例中罗某某收受的8.6万元与个人决定单位对单位借款不存在关联性，则应单独以受贿罪进行定罪量刑；收受4万元与个人决定单位对单位借款存在关联，应按照想象竞合从一重的原则，以挪用公款罪定罪量刑后与收受8.6万元的受贿罪合并处理。

（郑　俊）

（原载于《中国纪检监察报》2019年6月5日）

26. 挪用公款高息放贷行为怎样定性处断

典型案例

麻某，男，中共党员，原系 A 市某区道路运输安全稽查大队大队长。2012 年 1 月至 2019 年 1 月间，麻某利用担任该区道路运输安全稽查大队大队长的职务便利，先后多次非法收受某运输有限公司负责人陈某送予的钱款、购物卡等财物，并为该公司在危化品运输车辆通行证办理、危化品运输车辆违章处理等方面提供方便。

2013 年 4 月，陈某向麻某提出借款，麻某将单位小金库资金 40 万元，加上自有资金 10 万元，以个人名义出借给陈某，按月收取 2%利息（折合年利率为 24%），截至 2016 年 10 月，麻某共计获得 42 万元利息。

处理意见

本案对麻某挪用公款放贷收息构成挪用公款罪没有争议，但对其是否构成“高息型受贿”及如何处断，存在不同意见。

第一种观点认为：麻某挪用40万元公款借给陈某，按照陈某向不特定第三人借款的一般利率收取利息的行为，系挪用公款从事营利活动，构成挪用公款罪；利用职权为陈某谋取利益，收取陈某明显高于一般利率的高额利息，应认定为受贿罪，与挪用公款罪数罪并罚。

第二种观点认为：依据当时的规定，认定月利率2%（年利率24%）属于高额利息没有法律依据，麻某挪用40万公款放贷收息，应认定为挪用公款罪；以自有资金10万元向管理服务对象放贷收息，属于违反廉洁纪律的行为。且认为即使麻某构成受贿罪，其挪用公款与受贿之间也是牵连关系，对牵连犯应从一重罪处断，而不应数罪并罚。

评析意见

笔者赞同第一种观点。

一、可以认定麻某收取的是高额利息

公职人员借款给管理服务对象收取利息，是一种较隐蔽的民刑法律关系交织的行受贿犯罪，俗称“高息型受贿”。行为人通常以民事借贷关系作掩护，或伪装成民间借贷类违纪行为，企图将行受贿犯罪合法化、“违纪化”，从而达到避重就轻，逃避法律惩处的目的。在高额利息的认定上，刑法应主动适应民法相关规定，这是民刑二者协调的一面。但另一方面，民刑案件在认定上又有所区别。相比于民事案件对照条文的量化裁量，刑事案件中则要复杂得多，必须透过表象探查行为实质，综合认定是否存在权钱交易、利益输送。当前刑事司法实践中，认定高额利息的标准主要有四种：一是以银行同期贷款利率为标准，超出部分即为高额利息，并认定为受贿金额；二是以年利率24%（根据民间借贷新规，2020 年 8 月 20 日之后以一年期贷款市场报价利率的 4 倍）为标准，超过部分认定为高利；三是以当地民间借贷的一般利率为标准，明显超过的部分为高利；四是以借款人向不特定第三人借款的一般利率为标准，明显超过的部分为高利。

上述四种认定标准，各有优劣，第一种、第二种标准过于机械，对个案的客观情况体现不够，第三种、第四种标准在调查取证中存在一定困难。司法实践中，一般以第三种、第四种标准为主，以第一种、第二种标准为补充，结合存疑有利于当事人的原则，综合认定。

根据2015年8月颁布的《最高人民法院关于审理民间借贷案件适用法律若干问题的规定》第二十六条，“借贷双方约定的利率未超过年利率24%，出借人请求借款人按照约定的利率支付利息的，人民法院应予支持”。虽然本案中，麻某与陈某的借贷年利率没有超过24%，但陈某实际控制的运输公司经营状况良好，资金流充沛，没有从麻某处高息融资的必要性，且在麻某高息放贷的同期，陈某实际控制的运输公司从当地银行融资的成本均不高于年利率8%，陈某从其他不特定第三人处的借款利率均不超过年利率12%，而仅给予麻某年利率24%的利息。比照陈某同期向其他不特定第三人的借款利息及同期银行利率，可以认定麻某与陈某之间的借贷利率明显高于向不特定第三人借款的一般利率，差额利率为12%，从而综合认定麻某获取的高额利息为：50万元×年利率差额12%×3.5年=21万元。

二、麻陈二人行为实质是权钱交易

本案中，陈某是麻某的管理服务对象，陈某在多份笔录中表示，其之所以按照月利率2%向麻某借款50万元，完全是为了感谢麻某在工作上对他的照顾，并希望麻某以后继续关照其业务。实际上，麻某在借贷资金前后也一直在工作上为陈某提供帮助，多次利用职务便利为陈某在危化品运输车辆通行证办理、违章处理等事项上谋取利益。

因此，麻某与陈某并非平等的民事主体，他们之间的借贷关系也并非一般的民间借贷行为，依据“两高”《关于办理受贿刑事案件适用法律若干问题的意见》第一条关于以交易形式收受贿赂问题的规定原则，可以认定双方是以“借贷收息”这种交易形式非法收受财物，属于权钱交易的行受贿行为。

三、本案挪用公款与受贿之间不存在牵连关系

牵连犯是指行为人实施了某一犯罪，而其手段行为或者结果行为又触犯其他罪名的情况。例如，为实施诈骗而伪造公文，诈骗是目的，伪造公文是手段，构成诈骗罪与伪造公文罪之间的牵连关系，这是目的与手段之间的牵连关系。对牵连犯，理论上一般以“从一重处断”为原则，有特别规定的除外。但并不是所有的手段与目的行为都能被认定为存在牵连关系，通说认为，只有当某种手段通常用于实施某种犯罪，或者某种原因行为通常导致某种结果行为时，才宜认定为牵连犯。具体到本案，虽然麻某挪用公款是为了出借给陈某获利，但挪用公款不是受贿的通常手段行为，不能简单评价为系手段与目的的牵连关系，而是麻某在两个犯意下分别实施的两个并列行为，应当分别评价。

（徐宝童　浙江省宁波市镇海区纪委监委）

（原载于《中国纪检监察报》2020 年 10 月 14 日）

27. 多次反复挪用同一公款数额如何认定

典型案例

沈某，中共党员，G 市某公立学校报账员。2019 年 9 月 30 日，沈某将存于其名下银行账户中的 28 万元公款用于购买银行理财产品。2019 年 10 月 9 日，沈某在该理财产品到期赎回归还单位并获取收益 203 元后，继续使用上述 28 万元公款购买新一批次理财产品。2019 年 10 月 19 日，沈某在第二批次理财产品到期赎回归还单位并获取收益后，第三次用上述 28 万元公款购买理财产品并获取收益。2019 年 10 月 30 日，沈某将公款 28 万元入账国库集中支付中心。

处理意见

本案中，对沈某挪用公款从事营利活动的行为构成挪用公款罪没有争议，但对沈某挪用公款的犯罪数额存在两种不同意见：

第一种意见认为，沈某基于同一犯罪故意，三次挪用公款购买理财产品，每次挪用行为均单独构成挪用公款罪（且既遂），属于刑法理论上的连续犯，应对每次犯罪数额累计计算。因此，沈某挪用公款的数额应该是三次挪用数额之和，共计 84 万元。

第二种意见认为，犯罪是对刑法所保护的利益或价值造成侵害或引起危险（威胁）。本案中，宜将单次挪用的公款数额作为犯罪数额，而将多次反复挪用行为作为量刑情节考虑。因此，沈某挪用公款的数额为 28 万元。

评析意见

笔者同意第二种观点，理由如下。

一、以单次挪用的公款数额作为犯罪数额，符合法益保护原则

按照刑法规定，国家工作人员利用职务上的便利，挪用公款归个人使用，进行营利活动的，构成挪用公款罪。挪用公款罪所保护的法益，既包括公款的占有权、使用权、收益权，又涉及职务行为的廉洁性。鉴于职务行为的廉洁性与公款的占有权、使用权、收益权密切相关，将挪用公款行为所致的法益损害等同于公款被实际占有、使用、收益的数额并无不当。本案中，沈某反复挪用同一笔公款购买理财产品并在每次挪用后予以归还，虽然每次挪用行为均成立独立的犯罪行为，且既遂，但由于公款属于种类物，行为人并非挪用不同公款，而是对同一笔公款进行反复挪用。反复挪用同一公款与单次挪用相比，并未提高行为的不法程度，公款被实际占有、使用、收益的数额仅仅是单次挪用的公款数额，因此以单次挪用的公款数额作为犯罪数额，符合法益保护原则。

二、以单次挪用的公款数额作为犯罪数额，不违反相关司法解释

1998 年《最高人民法院关于审理挪用公款案件具体应用法律若干问题的解释》（以下简称《挪用公款解释》）对多次挪用行为的处理作出了规定。该解释第四条规定，“多次挪用公款不还，挪用公款数额累计计算；多次挪用公款，并以后次挪用的公款归还前次挪用的公款，挪用公款数额以案发时未还的实际数额认定”。对于多次“挪新还旧”行为，实际只造成未归还的公款受到法益侵害，并未使公款受到新的侵害。显然，从这一角度看，多次反复挪用同一公款的情形与上述多次挪用并以后次归还前次的情形更为接近。因为多次反复挪用同一公款，公款被实际占有、使用、收益的数额即是单次挪用数额，所以以单次挪用的公款数额作为犯罪数额并无不当。

有同志还根据上述司法解释中“多次挪用公款不还，挪用公款数额累计计算”的规定认为，多次反复挪用同一公款的也应当累计计算。笔者认为，该规定与多次反复挪用同一公款的情形截然不同。多次挪用公款不还，因每次挪用公款的行为都侵害了不同公款的占有、使用和收益权，故应累计计算犯罪数额。相比之下，多次反复挪用同一公款，因每次挪用后都予以归还，其法益侵害程度更小，如果在最终认定数额上同样累计计算犯罪数额，不仅有违法律的公平性，还会造成司法解释因存在体系性矛盾而欠缺合理性。

三、以单次挪用的公款数额作为犯罪数额，将多次反复挪用作为量刑情节，不违反罪责刑相适应原则

按照刑法规定，构成挪用公款罪的，处五年以下有期徒刑或者拘役；情节严重的，处五年以上有期徒刑。对于多次挪用行为，虽然1998年《挪用公款解释》第三条明确认为属于情节严重，但是2016年“两高”《关于办理贪污贿赂刑事案件适用法律若干问题的解释》对此作出实质变更。依照后法优于先法原则，应优先适用2016年“两高”解释。

根据2016年“两高”解释的规定，挪用公款归个人使用，进行营利活动或者超过三个月未还，具有下列情形之一的，应当认定为刑法第三百八十四条第一款规定的“情节严重”：（一）挪用公款数额在二百万元以上的；（二）挪用救灾、抢险、防汛、优抚、扶贫、移民、救济特定款物，数额在一百万元以上不满二百万元的；（三）挪用公款不退还，数额在一百万元以上不满二百万元的；（四）其他严重的情节。按照刑法解释原理，上述第四项中的“其他严重的情节”，其对法益的侵害程度应与前三项相当。对于反复挪用行为而言，如果反复挪用次数较多或多次反复挪用公款且单笔数额接近前三项规定的，将单次挪用的公款数额作为犯罪数额，多次反复挪用行为认定为其他严重的情节即可保证罪责刑一致，实现刑法目的。反之，对于反复挪用的次数不多且单笔数额不高的，将单次挪用的公款数额作为犯罪数额，仅将多次反复挪用作为量刑情节考虑亦能实现上述目的。

（何帅彤　江苏省连云港市海州区纪委监委）

（原载于《中国纪检监察报》2020年12月23日）

28. 马某是否构成挪用公款罪，林某是否成立此罪教唆犯

典型案例

马某，中共党员，某县社保局出纳。林某，社会人员，系马某初中同学，二人交情颇深。2018 年 5 月 6 日，林某找到马某，谎称岳母生病在北京住院，急需 30 万元，让马某从单位挪出 30 万元供其使用，待 10 天后其生意上一笔应收款到账就还给马某。马某信以为真，5 月 7 日，便将 30 万元从单位账户取出交给林某。5 月 17 日，林某将 30 万元现金归还给马某，马某当天就存进单位账户。

5 月 18 日，林某因涉嫌贩毒被举报，县公安机关对其立案调查。调查中得知，林某用于贩毒的 30 万元正是马某从自己单位挪出的那 30 万元。县公安局将此线索移交给县纪委监委。

处理意见

《刑法》第三百八十四条规定："国家工作人员利用职务上的便利，挪用公款归个人使用，进行非法活动的，或者挪用公款数额较大、进行营利活动的，或者挪用公款数额较大、超过三个月未还的，是挪用公款罪。"本案中，马某误以为林某将30万元用于给岳母治病，不具有贩卖毒品的故意，也不具有挪用公款进行非法活动的故意，挪用的时间也未超过三个月，所以马某的行为既不构成贩卖毒品罪共犯，也不构成挪用公款罪。但马某的行为违规违纪，应给予相应的党纪政务处分。对于此点，没有争议。此案争议在于，对林某教唆马某挪用公款的行为如何评价。

第一种观点认为：不存在没有正犯的教唆犯，既然马某不构成挪用公款罪，那么林某也不可能成为此罪的共犯，即林某也不成立挪用公款罪的教唆犯，林某无罪。

第二种观点认为：林某隐瞒了犯罪事实，利用了不知情的马某，并通过马某的行为实现了其挪用公款进行贩毒的计划，系利用他人的错误支配犯罪事实，林某的行为成立挪用公款罪的间接正犯。

第三种观点认为：林某的教唆行为虽然没有使马某产生犯挪用公款罪的故意，但马某在林某的教唆下实施了挪用公款的违法行为，且造成了法益侵害的结果，林某成立挪用公款罪的教唆犯。

评析意见

笔者赞同第三种观点。

一、在真正身份犯的场合，间接正犯也必须具备符合构成要件的特殊身份

间接正犯，是与直接正犯相对的概念，是指利用他人而不是自己的身体动静实现犯罪的情况，主要表现为强制他人实行犯罪或利用他人的错误支配犯罪事实。本案中，马某对于林某将30万元用于贩毒并不知情，林某确系利用马某的错误支配犯罪事实。但间接正犯也是正犯，在真正身份犯的场合，要求正犯必须具备符合构成要件的特殊身份，这一点自然也适用于间接正犯。挪用公款罪是真正身份犯，根据《刑法》第三百八十四条之规定，此罪的正犯须具备国家工作人员身份。非国家工作人员可以与国家工作人员勾结串通，成立此罪的共犯，但非国家工作人员却不能成为此罪的间接正犯。观点二认定林某成立挪用公款罪的间接正犯，虽然有利于对本案中法益侵害的结果进行归责，但却突破了犯罪构成要件，有违罪刑法定原则。

二、共犯是就违法形态而言，不是就责任而言

观点一和观点三的分歧在于对共同犯罪的认识上。观点一的实质是认为共同犯罪必须二人以上共同实施同一种特定的犯罪，既就违法形态而言，也是对责任而言。案件中，马某因为欠缺主观上的故意，不能对其进行归责，马某不构成挪用公款罪，从而林某也不成立此罪。

这种观点本质是责任共犯论（共犯的成立以正犯具有构成要件符合性、违法性、有责性为前提），有明显的缺陷。林某具有教唆的故意，实施了教唆马某挪用公款的行为，达到了自己挪用公款贩毒的目的，造成了法益（挪用公款罪的法益是公款的占有权、使用权、收益权以及职务行为的廉洁性）受到侵害的结果，最后却不成立犯罪，这显然不能为常理所接受。

有学者认为，共同犯罪是违法形态，要解决的问题是将违法事实归属于哪些参与人的行为。实践中在判定二人以上是否构成共同犯罪时，首先应看二人以上的共同行为是否符合客观要件，至于各人的责任则是另外的问题。笔者赞同这种观点。本案中，马某和林某实施了符合挪用公款罪客观构成要件的违法性行为，在判断行为违法性阶段，马某就是挪用公款罪的正犯，只因其欠缺主观要件，才不成立挪用公款罪，但不影响林某成立挪用公款罪的教唆犯。

三、共犯对正犯的故意不具有从属性

根据共犯从属性说，只有当正犯着手实施犯罪后，教唆者才能成立共犯。但是被教唆者除了客观上着手实施犯罪以外，还须不须具备实施犯罪的故意呢？观点一和观点三在林某是否成立挪用公款罪的教唆犯问题上产生分歧即在于此。

观点一认为，共犯对正犯的故意具有从属性，即被教唆之人必须产生犯被教唆之罪的故意，教唆者才能成立共犯。据此，马某不知道林某要将公款用于贩毒，林某的教唆行为没有引起马某挪用公款进行非法活动的故意，所以林某不成立挪用公款罪的教唆犯。实践中，这种观点既忽视了法益受侵害的结果，也给犯罪嫌疑人逃脱罪责留下了很大的空间。毕竟主观方面是否知情，是否故意，很难用客观证据加以证明。本案中，假如马某知道林某要贩毒，林某被调查后想方设法和马某串通，让马某一口咬定不知情，这样二人都不构成挪用公款罪，这显然不公平。

《刑法》第二十九条第一款规定，“教唆他人犯罪的，应当按照他在共同犯罪中所起的作用处罚”。此处说的是“教唆他人犯罪”，而不是“教唆他人故意犯罪”。“教唆他人犯罪”应该理解为“教唆他人去犯罪”，即故意唆使并引起他人实施符合构成要件的违法行为。此处，处罚教唆犯的根据在于他通过正犯间接地侵害了法益，而不在于引起被教唆者的犯罪故意。因此，共犯对正犯的从属性是一种限制从属性，即在违法性上具有从属性，在主观故意上不具有从属性。回过头来，本案中，林某具有教唆马某挪用公款的故意，客观上成功教唆马某实施了挪用公款的违法行为，并将公款用于进行非法活动，林某的行为成立挪用公款罪的教唆犯。

（刘一霖）

（原载于《中国纪检监察报》2019 年 2 月 20 日）

29. 不知是涉案财物而取得是否应予追缴

典型案例

刘某，中共党员，某县农业农村局会计。2019 年 6 月，刘某认识了当地一个小额放贷公司的老板于某，得知从事小额放贷获利颇丰，于是提出拿点钱到于某的公司放贷。由于刘某全部积蓄已用于购房，为了凑钱，他以有急用为由，向同学张某、王某各借了 5 万元，将共计 10 万元投入到于某的公司放贷。2019 年 10 月，见收益不错，刘某又从保管的单位资金中取出 30 万元，用其中 10 万元还给张某、王某，但并未告知张某、王某是公款，其余的 20 万元继续拿给于某放贷。2020 年 8 月于某的公司倒闭，于某跑路，刘某的钱没追回来。2020 年 10 月案发时，其挪用的 30 万元仍未归还。

处理意见

本案中，刘某构成挪用公款罪没有异议，但是否应向张某、王某追缴用公款还的共计 10 万元存在分歧。

第一种意见：依法应当追缴，理由是这些钱是刘某违法取得的涉案款物。

第二种意见：依法不应当追缴，理由是张某、王某不知道收到的钱为刘某违法取得的涉案款物，属于善意取得。

评析意见

本案中，笔者同意第二种观点，具体分析如下：

一、刘某挪用 30 万元用于放贷应认定为挪用公款罪

挪用公款罪是指国家工作人员利用职务上的便利，挪用公款归个人使用，进行非法活动的，或者挪用公款数额较大进行营利活动的，或者挪用公款数额较大、超过 3 个月未还的行为。侵犯的客体是国家工作人员职务行为的廉洁性、国家财经管理制度以及公款使用权。客观方面表现为利用职务之便，有下列挪用公款行为之一：（一）挪用公款归个人使用，进行非法活动的；（二）挪用公款数额较大进行营利活动的；（三）挪用公款数额较大、超过 3 个月未还的。犯罪主体是特殊主体，即国家工作人员。主观方面是故意，并以归个人使用为目的。

刘某身为国家工作人员，利用担任会计的职务便利挪用单位公款 30 万元用于从事营利活动，符合挪用公款罪的构成要件，已经构成挪用公款罪。

二、刘某取得的涉案财物应当依法予以追缴

监察法第四十六条规定，监察机关经调查，对违法取得的财物，依法予以没收、追缴或者责令退赔。

《中华人民共和国监察法实施条例》第二百零九条规定，监察机关经调查，对违法取得的财物及孳息决定追缴或者责令退赔的，可以依法要求公安、自然资源、住房城乡建设、市场监管、金融监管等部门以及银行等机构、单位予以协助。追缴涉案财物以追缴原物为原则，原物已经转化为其他财物的，应当追缴转化后的财物；有证据证明依法应当追缴、没收的涉案财物无法找到、被他人善意取得、价值灭失减损或者与其他合法财产混合且不可分割的，可以依法追缴、没收其他等值财产。刑法第六十四条规定，犯罪分子违法所得的一切财物，应当予以追缴或者责令退赔。

刘某挪用的 30 万元公款为违法取得的涉案财物，按照上述规定，应依法予以没收、追缴或者责令退赔。具体到本案，对刘某挪用的 30 万元应当依法向刘某予以追缴，既可以追缴现金，也可以依法变卖刘某的其他财产并对变卖所得依法予以追缴，无论何时只要刘某有退缴能力，就一直予以继续追缴。

三、张某、王某善意取得的涉案财物不应予以追缴

《最高人民法院关于刑事裁判涉财产部分执行的若干规定》第十一条规定，被执行人将刑事裁判认定为赃款赃物的涉案财物用于清偿债务、转让或者设置其他权利负担，具有下列情形之一的，人民法院应予追缴：（一）第三人明知是涉案财物而接受的；（二）第三人无偿或者以明显低于市场的价格取得涉案财物的；（三）第三人通过非法债务清偿或者违法犯罪活动取得涉案财物的；（四）第三人通过其他恶意方式取得涉案财物的。第三人善意取得涉案财物的，执行程序中不予追缴。作为原所有人的被害人对该涉案财物主张权利的，人民法院应当告知其通过诉讼程序处理。

本案中，张某、王某收到刘某的还款，是基于他们之间存在合法的债权债务关系，且并不知道这些钱是涉案款物，属于善意取得，不属于上述规定应当予以追缴的情形，应当依法予以保护。至于未追缴到位的涉案款物，按照相关规定，应当对刘某继续进行追缴，直至还清为止。

（孔　军　河北省泊头市纪委监委）

（原载于《中国纪检监察报》2021 年 11 月 10 日）

30. 变现公物归个人使用行为辨析

典型案例

张某，某国有汽车制造公司（以下简称 A 公司）企管部经理。2016 年 6 月，经单位领导同意，由张某负责将 A 公司的一台价值人民币 10 万元的进口数控三面冲孔机借给一外资汽车制造商（以下简称 B 公司）使用，同时 A 公司要求企管部负责该出租物的回收和管理。2016 年 9 月，借用合同履行完毕，但进口数控三面冲孔机仍放置在 B 公司。

2016 年 10 月之前，张某代表 A 公司与某汽车零配件公司（以下简称 C 公司）共发生 6 次购销业务，C 公司欠 A 公司货款共计人民币 15 万元，一直未能支付。因 C 公司负责人赵某和张某系同学关系，A 公司领导责成张某向 C 公司追讨货款。赵某恳请张某想办法替自己先向 A 公司归还部分货款，并承诺 1 个月后归还张某垫付的钱款及欠 A 公司的尾款。张某为减轻未追回货款的压力，于 2016 年 12 月私自将存放在 B 公司的进口数控三面冲孔机予以变卖，得款人民币 8.9 万元，全部用于替赵某的 C 公司归还所欠 A 公司的部分货款。该案因群众举报而案发，经监委查证属实。案发后，张某共归还了人民币 2.9 万元，尚有人民币 6 万元不能退还。

处理意见

对于张某的行为该如何认定，主要存在三种不同意见。

第一种意见认为：张某利用职务上的便利，擅自处分单位财物，具有贪占故意和行为，涉嫌贪污罪。

第二种意见认为：张某挪用的系非特定公物，根据最高人民检察院《关于国家工作人员挪用非特定公物能否定罪的请示的批复》，其行为不构成挪用公款罪。

第三种意见认为：张某利用职务上的便利，变现公物供他人使用，实则是挪用数额较大的公款给他人进行营利活动，其行为构成挪用公款罪。

评析意见

笔者同意第三种意见，理由如下：

一、行为人张某缺乏非法占有公物的主观故意

贪污罪，是指国家工作人员利用职务上的便利，侵吞、窃取、骗取或者以其他手段非法占有公共财物的行为。贪污罪主观方面为故意，并且具有非法占有公共财物的目的。具体到本案，张某利用了管理A公司出租物进口数控三面冲孔机的职务便利这一点不存争议，关键是其擅自处分公物的行为能否推定其具有非法占有故意。如前所述，A公司派张某向C公司追讨货款的一个重要原因是张某与C公司负责人赵某系同学关系，便于沟通协商，而张某将所管理的公物进口数控三面冲孔机变现帮赵某向A公司偿还货款也恰恰是出于同学情谊。客观上，张某亦未对进口数控三面冲孔机进行隐匿。因此，根据主客观相一致的原则，张某缺乏侵吞公物的犯罪故意，其行为不符合贪污罪的构成要件，第一种意见难以令人信服。

二、张某的行为不同于挪用非特定公物

2000年3月15日最高人民检察院《关于国家工作人员挪用非特定公物能否定罪的请示的批复》（以下简称《批复》）认为："刑法第384条规定的挪用公款罪中未包括挪用非特定公物归个人使用的行为，对该行为不以挪用公款罪论处。如构成其他犯罪的，依照刑法的相关规定定罪处罚。"挪用非特定公物追求的是公物的使用价值，而本案中，张某的行为是"挪用"加"变现"，主要目的是"变

现”，其追求的是公物的价值而不是使用价值，因此在本质上不同于挪用非特定公物行为。第二种意见误读了《批复》精神，不具有合理性。

三、张某挪用公物予以变现归个人使用，与挪用公款具有同质性

2002 年 4 月 28 日第九届全国人民代表大会常务委员会第二十七次会议通过的《关于〈中华人民共和国刑法〉第三百八十四条第一款的解释》规定，“挪用公款归个人使用”是指将公款供本人、亲友或者其他自然人使用；以个人名义将公款供其他单位使用；个人决定以单位名义将公款供其他单位使用，谋取个人利益。本案中，张某挪用公物予以变现，再使用所得款项帮助同学赵某归还商业欠款，表明张某在实施挪用行为时追求的是公物本身的价值而非使用价值，公物被挪用后，进入了流通领域实现其价值，变现的款项又为行为人擅自使用。在这种情况下，可以说行为人挪用的公物已不是具有使用价值的物，而是公物价值的载体，即公款。行为人张某将公物予以变现，则公物转化为公款，而且行为人最终目的就是使用该公款，这尽管是一个从公物到公款的过程，但本质上与挪用公款并无区别。

综上所述，张某身为国家工作人员，利用职务便利，擅自变现公物，所得款项归个人用于营利活动，数额较大，其行为严重侵犯了国有企业的资金使用权，涉嫌挪用公款罪。

（武　宁）

（原载于《中国纪检监察报》2019 年 8 月 14 日）

31. 利用职权影响从事无风险商业活动获利是否构罪

典型案例

A，男，中共党员，某市副市长。2018 年 3 月，A 利用职权为本地 B 公司老板张某谋取利益后，见 B 公司某一药品销售供不应求且利润巨大，便提出由其父代销 B 公司部分药品，张某同意。A 父以出厂价在 B 公司拿货，再以统一中标价销往附近医院，从中赚取差价。因 A 父不具有药品分销商的销售资质，张某遂让其对外以 B 公司销售员的名义进行销售，在公司收到回款后，再把销售差价返还给 A 父，同时，A 父到 B 公司拿货不用支付货款，销售不完可退还 B 公司。A 父以此方式在短短两年内获利数百万元，A 对此知情并认可。

处理意见

本案对 A 是否构成受贿以及受贿数额的认定存在不同意见。

第一种意见认为：A 父以出厂价在 B 公司拿货，再以统一中标价售出，从事的是分销商的市场经营活动，从中赚取的销售差价是通过市场经营行为所得的合法收入，不能将此认定为非法收取的财物。故不认定 A 受贿。

第二种意见认为：A 父自身不具有分销商销售资质，对外是以 B 公司销售员的名义进行销售，实际也从事了销售员的工作，A 父所得销售差价为其从事销售工作的劳务报酬。虽然收入高于一般销售员的薪酬，但因为一些私营企业薪酬发放标准不规范，认定某一职位正常应发多少没有统一标准，从刑法谦抑性原则出发，对此种行为不宜以犯罪处理。因此，A 不构成受贿。

第三种意见认为：A 父以分销商的形式获取销售差价，实际上只从事了销售员的工作，而分销商的销售差价远高于销售员的薪酬所得，差额部分实为 A 利用职权为张某谋取利益的对价。因此，对 A 应以受贿论处。

评析意见

笔者赞同第三种意见。本案中A父的行为看似分销商经销，实为销售员销售，只有区分真实和虚假民事法律行为，结合权钱交易的本质，才能准确认定是否构成受贿。

一、A父的分销商经销活动是虚假的

在通过民事经济行为实现的受贿中，虽然表面上存在着民事法律关系，但实际上这种民事法律关系是虚假的，行为人以此来掩盖其受贿犯罪。本案中，A父以出厂价在B公司拿货再以统一中标价售出，从形式上看，A父从事了分销商的经销活动，赚取的是分销商的销售差价。而分销商的经销活动是一种商业行为，具有风险性，能否获利以及获利多少都处于不确定状态。本案中，一般分销商到B公司拿货，都要预付货款，有时甚至要提前几个月付款，且销售不完不能退货。而A父本身不具有分销商销售资质，销售过程中不用投入资金，没有商业风险，却以分销商的形式获取销售差价，这种情况在B公司仅此一例。同时，B公司在A父所销售地区的市场已经成熟，由公司自己的销售员就可以进行维护，而张某将本由B公司销售员即可完成的工作交由A父做，并以此为名支付销售差价，实则为了感谢A利用职权为其谋取的利益。综上可见，A父所从事的分销商经销活动是虚假的，根据《民法典》第一百四十六条第一款规定，虚假的民事法律行为无效，故A父不应获取分销商的销售差价。

二、A父实际从事了销售员的工作

本案中，A父形式上从事的是分销商的经销活动，实际因其自身不具有销售资质，对外以B公司销售员的名义进行销售，且在B公司拿货不需付款，拿货后到各医院进行推销，销售不完的退回公司。A父在药品销售过程中也会和医院院长、药剂科主任、采购员进行衔接；发货以后，会和院长、财务人员联系，向医院催款；会把医院对药品的使用情况等信息反馈到B公司，对B公司的药品进行宣传、推广等。综上，A父实际从事了B公司销售员的工作。

三、结合权钱交易的本质准确认定受贿犯罪

如上所述，A父实际从事了销售员的工作，可以获得合理数额的劳务报酬。所谓合理数额，即A父收受的劳务报酬在数额上应与其提供服务的正常市场价值相当。如果明显超出市场同类服务报酬数额，在A利用职权为张某谋取了利益的情况下，这种行为的性质就发生了转化，超出了正常劳务报酬的范畴。这与以明显高于市场价值出售商品的“交易型受贿”性质相同。

四、以销售金额与正常劳务报酬的差额认定受贿数额

当前我国已步入民法典时代，民法典时代背景下，在处理刑民交织受贿案件的时候，应充分保护好公民的合法民事权利。本案中，A 父实际从事了 B 公司销售员的工作，实际投入了一定劳动，其可以从 B 公司获得一定数额劳务报酬，对该部分合法劳务报酬应当予以保护。B 公司的销售员是按药品销售数量领取提成工资，但 A 父领取的薪酬不是销售员的销售提成，而是分销商的销售差价，明显高于销售提成，差额部分实为 A 利用职权为张某谋取利益的对价，故应认定为受贿。即 A 的受贿数额=（销售差价-销售提成）×销售总量。

（夏华龙　江苏省苏州市纪委监委）

（原载于《中国纪检监察报》2021 年 3 月 17 日）

32. 用公款购买理财产品并侵吞收益的行为怎样定性

典型案例

李某，中共党员，某市公办中学会计。2013 年至 2018 年期间，该中学违规招收借读生并收取借读费。李某根据校领导的指示，以其个人名义在银行开设账户，用于收取该校的借读费。在此期间，李某共收取借读费 300 多万元，该笔款项作为该校的小金库。2015 年至 2017 年间，李某利用其收取和管理借读费账户的职务便利，分多次将其中的 50 万元取出，存到李某在同一家银行的其他个人账户中，用于购买可随时赎回的银行短期保本型理财产品，并将收益 2 万余元占为己有。案发前，李某购买理财产品的资金均已陆续到期并全部归还。

处理意见

本案中，对李某购买保本型理财产品并侵吞收益的行为应当如何定性有两种观点。

第一种观点：李某购买理财产品的50万元是存入李某在同一家银行的其他个人账户，学校需要时可以随时赎回，因公款一直是由李某的个人账户代为保管，李某的行为不成立挪用公款罪。李某贪污2万元收益因达不到刑事立案标准，只构成违反财经法规，应对李某作出党纪政务处分。

第二种观点：李某将学校小金库账户中的钱取出来存入另外的个人理财账户，属于挪用公款从事营利活动，李某的行为构成挪用公款罪。李某侵吞的2万元是挪用公款犯罪的违法所得，不再单独评价。除了对李某作出党纪政务处分之外，还应当追究李某的刑事责任。

评析意见

本案中，应从挪用公款罪保护的法益和主观故意着手，正确认识“挪用”的本质，才能对李某的行为作出准确判断。

一、“挪用”的本质如何理解

持第一种观点的人认为保本型理财产品的特点是可以

随时赎回，学校需要钱的时候，李某可以随时提取本金归还给学校，即公款的状态是安全地存放在银行，并没有脱离学校的占有和控制，李某的行为不属于“挪用”。因此，本案的争议焦点在于“挪用”的实质是什么，李某挪用公款购买保本型理财产品的行为是否认定为“挪用”。笔者从以下两个方面来进行分析。

首先，挪用公款罪侵害了公职人员职务行为廉洁性和公共财物的占有、使用、收益权。李某的行为已经侵犯了公职人员的廉洁性，但是否真正挪用了公共财物，侵犯公共财物的占有、使用、收益权，还要从公款是否脱离了该中学的“控制”来进行判断。当李某将 50 万元公款分多笔存入该银行的个人理财账户后，这部分公款的占有、使用、收益权已经脱离了学校，李某已经实际掌握了 50 万元的控制权，并且已经对该部分公款进行了处分，从中获取收益。

可能有人会提出，这笔钱一开始就在李某的个人银行账户中，虽然后来李某将其中的 50 万元存入了另一个账户，但同样都在李某名下，怎么就转变为“挪用”呢？笔者认为，财物的保管和控制是两个不同的概念。“公款私存”尽管违反了财经法规，但其控制权还在学校，只是校领导委托李某开设个人账户，代为保管学校公款。因此，存在李某个人账户的公款仍然处于学校的控制之下，占有、使用、收益权都归学校所有。但公款转移到李某的个人理财账户之后，其控制权就发生了转移，李某享有了对该公款的占有、使用、收益权。李某的行为已经侵犯了挪用公款罪保护的法益。

其次，挪用公款罪的主观故意是有“挪用”的意图。如果李某只是具有非法占有公款利息的目的，将代为“公款私存”的银行固定存款利息侵吞，其行为就不具备挪用的主观故意，而只能认定贪污公款利息的故意。但本案中李某的主观动机是考虑到保本型理财产品风险低，但利息又高于银行同期利率的有利条件，才产生了将公款挪出来购买理财产品并侵吞收益的目的。李某的主观故意已经具备了“挪用”的意图。

二、挪用公款后侵吞收益的行为不应再重复评价

本案中李某侵吞的理财收益 2 万元因未达到贪污犯罪的立案标准，不作为贪污犯罪评价，但即使达到了立案标准，李某侵吞收益的行为也不应再评价为贪污犯罪。根据《最高人民法院关于审理挪用公款案件具体应用法律若干问题的解释》（以下简称《解释》）第二条第（二）项的规定，挪用公款存入银行、用于集资、购买股票、国债等所获取的利息、收益等违法所得，应当追缴，但不计入挪用公款的数额。该条规定已经将利息和收益作为挪用公款罪的违法所得，不再单独进行评价。因此，李某的行为只能评价为挪用公款罪。

综上所述，李某的前后行为尽管表面看起来都是将学校的公款存在个人账户代为保管，但实际上已经侵犯了学校对公款的占有、使用、收益权，应当追究其刑事责任。案发前，李某主动归还公款50万元，根据《解释》第二条第（二）项，在案发前部分或者全部归还本息的，可以从轻处罚；情节轻微的，可以免除处罚。

（付　余　广东省佛山市纪委监委）

（原载《中国纪检监察报》2020年3月4日）

33. 案发前因事办不了退贿如何认定

典型案例

江某，中共党员，A 市公共资源交易中心交易科科长，因涉嫌其他违纪违法行为被采取留置措施后，调查组发现并查实了以下尚未掌握的违纪违法事实。2018 年 7 月，甲公司负责人李某打听到其欲投标的某工程项目将在 B 市开标，评委将从 A 市公共资源交易中心评委库中随机抽取。为使自己公司中标，2018 年 8 月 1 日李某找到江某，向其送去 20 万元现金，请其帮忙。江某收下钱款，表示愿意帮忙，并拟定了如下计划：第一，了解该工程项目具体开标日期；第二，当日提前在 A 市公共资源交易中心大门等待（按照规定，被抽到的评委需到 A 市公共资源交易中心集合，由该中心送往 B 市开标地点）；第三，趁评委来 A 市公共资源交易中心集合的间隙打好招呼。2018 年 10 月 15 日开标当日，被抽中的评委到达 B 市后（江某已按计划打好了招呼），B 市评标机构接到举报，遂在开标前改变计划，临时从 C 市抽取了评委进行评标。鉴于请托事项无法办成，江某将 20 万元现金全部退回李某。

处理意见

本案争议点在于，江某是否成立受贿罪，如果江某成立受贿罪，是否适用犯罪未遂、犯罪中止的规定。

第一种意见认为：江某最后未帮助对方谋得利益，并及时退还了钱款，没有人受到损害，不成立受贿罪。

第二种意见认为：江某因意志以外原因未成功取得贿赂款，属于刑法第二十三条规定的犯罪未遂，可以比照既遂犯从轻或者减轻处罚。

第三种意见认为：江某在对方没有要求的情况下主动退回全部贿赂款，系自动放弃犯罪，属于刑法第二十四条规定的犯罪中止，因没有造成损害，应当免除处罚。

第四种意见认为：江某身为国家工作人员，利用职务上的便利，非法收受他人钱款，允诺为他人谋取利益，符合受贿罪的所有构成要件，成立受贿罪。江某事后退贿既不影响受贿罪的成立，也不影响犯罪既遂的认定，但可作为从宽处罚情节予以考虑。

评析意见

笔者同意第四种意见。现结合案例，分析如下。

一、江某的行为符合受贿罪的所有犯罪构成要件，成立受贿罪

首先，从违法阶层分析。受贿罪保护的法益不是行贿人的财产，而是国家工作人员职务行为的不可收买性。根据刑法第三百八十五条规定，受贿罪主体是“国家工作人员”。又据刑法第九十三条规定，“国家工作人员”包括事业单位中从事公务的人员。受贿行为是指利用职务上的便利，索取他人财物或非法收受他人财物，为他人谋取利益的行为。其中，“利用职务上的便利”是指国家工作人员索取或收受的财物与其职务行为有关，是其职务行为的不正当“报酬”。又据2016年“两高”《关于办理贪污贿赂刑事案件适用法律若干问题的解释》（以下简称《解释》）第十三条的规定，“为他人谋取利益”不要求必须为他人实际谋得了利益，许诺为他人谋取利益即可。

本案中，A市公共资源交易中心属于事业单位，江某是该单位在职在编工作人员，属于国家工作人员，符合受贿罪的主体要件；江某在A市公共资源交易中心长期从事招投标组织服务工作，他利用该职务便利，接受他人请托，收受他人财物，许诺为他人谋取利益，并采取了实际行动，符合受贿罪的行为要件；江某收受钱财的行为，侵害了国家工作人员职务行为的不可收买性，同时破坏了当地招投标市场的正常管理秩序，侵犯了受贿罪的法益；江某实施前述行为没有任何违法阻却事由，故江某的行为具有违法性。

其次，从责任阶层分析。受贿罪的罪过形式为故意，即行为人主观上具有索取或收受贿赂，并将对方提供的财物据为己有的意思。如果行为人没有收受贿赂的意思或根本不知道自己收受了贿赂，不成立受贿罪。

本案中，对方向江某赠送 20 万元现金时，江某明知对方有请托事项，明知 20 万元现金是对方“购买”自己职务行为的不正当“对价”，明知自己收下钱款并允诺帮助谋利会损害职务行为的廉洁性，而未拒绝，并积极帮助对方谋取利益，表现了其将 20 万元现金据为己有的明显目的和侵害职务行为不可收买性的直接故意，符合受贿罪的主观要件。因为不存在任何责任阻却事由，故江某的行为具有可谴责性。

再次，从犯罪数额分析。根据《解释》第一条规定，一般情况下，成立受贿罪需受贿金额达到“数额较大”即 3 万元的标准。本案中，江某收受贿赂 20 万元，达到了受贿罪的“数额巨大”标准。

二、江某事后退赃不影响受贿罪的成立

“两高”《关于办理受贿刑事案件适用法律若干问题的意见》（以下简称《受贿案件意见》）第九条第一款规定：“国家工作人员收受请托人财物后及时退还或者上交的，不是受贿。”该条的宗旨是将客观上收受他人财物，主观上却没有受贿故意的情形排除在受贿罪之外。在这种情况下，行为人不是“不以受贿论”，而是从根本上不构成受贿。但若行为人在他人提出请托事项后就具有受贿故意，不适用该条款。此处的“及时退还或者上交”，没有一个具体的时间界限，要综合判断。

本案中，江某收下钱款时没有任何认识错误，也没有任何拒绝的意思表示，事后退款是因请托事项无法办成，是因意志以外原因被动为之。也就是说，如果请托事项办成了，江某将心安理得收下该笔钱款。这也从反面印证了江某具有受贿的直接故意。因此，江某因事无法办成而退钱的行为不符合《受贿案件意见》第九条的规定，不影响受贿罪的成立。

三、江某完成了受贿行为，属于受贿罪既遂

在受贿罪中，行为人一旦完成符合犯罪构成要件的危害行为，即成立既遂。本案中，江某明知对方送来钱款有事相求而予以收受，并许诺为对方谋取利益，已经完成受贿罪要求的危害行为，成立受贿罪既遂。

一个行为一旦成立犯罪既遂便不可能再成立犯罪未遂或犯罪中止。犯罪未遂、犯罪中止与犯罪既遂，分别反映了一个故意犯罪发展进程中的不同阶段，而且犯罪未遂与犯罪中止只可能发生在犯罪既遂之前。本案中，江某已经完成了受贿行为，成立了受贿罪既遂，不可能再“回流”成立犯罪中止或犯罪未遂。

江某事后全额退赃、在监察机关调查的时候如实供述自己的罪行，真诚悔罪，可以作为从宽处罚情节依法予以考虑。

（喻　娥）

（原载于《中国纪检监察报》2019 年 11 月 20 日）

34. 仅约定但尚未取得财物行为如何认定

典型案例

2010 年的一个周末，在成都市某西餐厅，商人乙对国家工作人员甲说："我这几年在你单位做了一些业务，也赚了一些钱，我心里一直想对你表达感谢，我记着还要给你 100 万元，等你退休后或者急需用钱的时候，我再给你。"甲对乙的承诺表示认可，说"我现在也不需要钱，先放在你那里"。后来甲案发，至案发时甲尚未获得该款。对于该情形应如何认定？

处理意见

对此有两种意见，一种意见认为，甲曾利用职务便利，帮助乙谋取了大量利益，且双方就受贿已经达成一致意见，约定在达到某种条件后，完成贿款的交付，但由于甲意志以外的因素（案发），导致甲没有实际拿到该款，因此甲的行为已经构成受贿犯罪未遂。另外一种意见认为，双方单纯的“约定”不构成已经“着手”实行收受财物的行为，甲的行为不宜认定为受贿犯罪。

评析意见

笔者同意第二种意见。在纪检监察机关办理涉嫌贿赂犯罪案件过程中，经常会遇到一种情形，即国家工作人员已经与请托人达成收送财物的约定，但在其尚未实际取得财物时或仅仅取得了部分财物时即案发。对于此类行为，被调查对象显然不构成犯罪既遂，但是否构成受贿犯罪未遂，还是不应认定为犯罪成立？现结合案例分析如下。

一、仅约定但实际尚未取得钱款的受贿行为的认定

仅约定贿款但尚未取得财物行为应该如何认定，在审查调查实践和司法实践中一直存在较大争议。

（一）受贿犯罪未遂的认定关键在于是否“着手”收受他人财物，而非是否“为他人谋取了利益”

刑法第二十三条第一款规定，“已经着手实行犯罪，由于犯罪分子意志以外的原因而未得逞的，是犯罪未遂”。普通受贿犯罪（不是索贿）包括“为他人谋取利益”与“收受他人财物”两个行为。关于“为他人谋取利益”的认定，根据“两高”2016年《关于办理贪污贿赂刑事案件适用法律若干问题的解释》的规定，“实际或者承诺为他人谋取利益的”“明知他人有具体请托事项的”“履职时未被请托，但事后基于该履职事由收受他人财物的”“收受具有上下级关系的下属或者具有行政管理关系的被管理人员，可能影响职权行使”的四类行为，均可认定为“为他人谋取利益”或视为“承诺为他人谋取利益”。由于司法解释已经将“谋利”的认定延伸为主观认识和特殊情况下的法律拟定，因此，在判断受贿罪特殊形态时，“谋利”是否完成已经不必纳入考虑范围，即不存在因“已经开始实施谋取利益的行为，但由于意志以外的原因未得逞”而被认定为受贿未遂的情况。还有一种常见的观点认为，双方约定了收受财物，并且国家工作人员已经帮助请托人完成了谋利事项，这足以说明该国家工作人员已经开始“着手”实施受贿犯罪。必须注意的是，“为他人谋取利益”与“收受他人财物”是受贿犯罪成立（包括受贿犯罪特殊形态）的两个必备要件，缺一不可。如果只实施了“谋利”行为，没有“收受财物”，或只“收受财物”，没有“谋利”，均无法构成受贿犯罪。因此，即使国家工作人员已经帮助请托人完成了“谋利”事项，判断受贿犯罪是否构成未遂的关键，仍在于国家工作人员是否已经“着手”实行了收受财物。

（二）单纯的约定不宜认定为“着手”实行

具体到上述案例中，甲乙双方对于受贿款的约定行为，能否认定为“着手”，是本案认定的关键。与普通刑事犯罪仅由单一主体即可实施犯罪不同（无需被害人配合），受贿犯罪为对合犯，必须由受贿人、行贿人两人共同完成，如果一方没有参与犯罪的故意及行为，另一方无法单独构成贿赂犯罪。比如，国家工作人员提出希望请托人给予其财物，但请托人不置可否，则国家工作人员不构成受贿（包括索贿）未遂。因此，在实行受贿犯罪过程中，行受贿双方必然会产生对于收受财物事宜的“沟通约定”，这种双方商量、达成犯罪合意的过程，不能被认为是实行受贿或行贿犯罪的“着手”。从法理上来讲，这种“沟通约定”的本质与普通刑事犯罪的犯意形成更接近，即使更进一步，也仅仅符合刑法中“为犯罪制造条件”的情形，属于贿赂犯罪的预备犯。有观点认为，这种预备犯已经侵犯了刑法保护的法益和职务廉洁性，具备较大的社会危害性，应当纳入刑事处罚的范畴。从理论上讲，笔者赞同这个意见，但目前的司法解释不支持该观点。“两高”2007年《关于办理受贿刑事案件适用法律若干问题的意见》第十条规定，“国家工作人员利用职务上的便利为请托人谋取利益之前或者之后，约定在其离职后收受请托人财物，并在离职后收受的，以受贿论处”。根据该规定，国家工作人员完成谋利事项并约定离职后收受财物的，只有实行了“离职后收受的”，才构成受贿犯罪。换言之，如果国家工作人员离职后没有收受财物的，即便谋利事项已经完成且双方有给予财物约定，也不宜认定为受贿犯罪，而无论是“离职后”还是约定其他收受财物的条件，本质上并无区别。可见，据此司法解释，对于国家工作人员和请托人单纯约定给予财物但尚未实施收受财物行为的，一般不宜认定为受贿犯罪成立，包括以预备犯进行定罪处罚。

（三）如何把准“着手”实行收受财物行为的边界

如上文所述，根据当前司法解释，单纯约定给予财物但未实施收受财物行为的，不宜认定为犯罪成立。但实践中，一些“约定”行为，已经远远超过了双方实施贿赂犯罪合意的程度，进而对刑法保护的法益产生了较为紧迫的危害，如果将其彻底排除在刑罚之外，不仅有放纵贿赂犯罪之嫌，不利于发挥刑法惩治功能，甚至会对“约定型受贿”起到变相鼓励作用。因此，在现行法律规定未进行修改的前提下，笔者认为，在司法实践中，对于国家工作人员已经帮助请托人完成谋利事项的，应当适当放宽对“着手”收受财物边界的判断标准，将部分已经为收受财物做足充分准备的行为，纳入刑事处罚范畴。换言之，只要国家工作人员有除单纯约定之外的其他“着手实行收受财物”的客观行为，即可认定为已经“着手”。比如，法院某份认定受贿未遂的判决书中表述："被告人孙某已利用其职务便利为吴某谋取了利益，吴某与被告人孙某事后进行了约定，两次商定给钱的具体金额、方式、时间，应认定为已经着手实行犯罪，因纪委查处的意志外的原因而未得逞，属于犯罪未遂。"这个案例中，法院认定"吴某两次商定给钱的具体金额、方式、时间"的行为，已经构成"着手"，构成犯罪未遂。

当然，如果司法解释能适当修改完善，不明确将上述行为排除于刑罚之外，笔者认为对于已经完成谋利并且具有相当危害性的"约定而尚未取得财物的行为"，以贿赂犯罪的预备犯进行定罪更为恰当，同时，根据刑法预备犯比照既遂犯可以从轻、减轻或免除处罚的规定，以犯罪预备对被调查对象进行刑事处罚，也会实现比以犯罪未遂处罚更为精准的刑罚效果。

二、已经约定但仅取得部分财物受贿行为的认定

假设上述案例中，后来甲对乙说想要买房需要 60 万元，乙将 60 万元给了甲，并约定剩余 40 万元等甲有需要的时候再给，后甲案发。至案发时，甲从乙处获得 60 万元。此时，认定甲受贿 60 万元既遂没有争议，但对于剩余 40 万元，是认定甲受贿既遂、受贿未遂还是不予认定？笔者认为，甲并没有着手实施收受剩余 40 万元贿款的行为，因此该 40 万元不应认定为受贿数额。

虽然甲乙双方已经约定贿款为100万元，但钱是可以分割的，甲着手实施的只是收受60万元的行为，并没有改变剩余40万元仍处于双方“约定”的原有状态。不能将100万元作为一个整体来考虑，否则就造成甲只要收受100万元中的1元，剩余的99.9999万元就可以被当作犯罪未遂来认定，而如果没有收受1元，则该100万元均不构成受贿犯罪的结论，显然违背常理。

（王爱平　中央纪委国家监委第十三审查调查室）

（原载于《中国纪检监察报》2020年4月1日）

35. 两次收钱后又两次退钱受贿数额怎样计算

典型案例

贾某，男，中共党员，A 省某厅原副厅长。2008 年 5 月至 2011 年 10 月，贾某任 A 省 B 市（县级市）市委副书记、市长。2009 年 3 月，贾某的侄子董某找到贾某，表示想到 B 市承包磷矿，并承诺事成后重谢，贾某默许。不久，贾某给 B 市某国有矿业公司总经理张某打招呼，让其安排董某到其公司承包矿井。张某考虑到公司未来发展需要贾某的支持，遂将本公司 9 号矿井以“先包后转”（先以低价将 9 号矿井承包给董某，再安排董某加价将该矿转包给第三方经营，董某不实际参与投资经营）的方式承包给董某，让董某通过差价获利 90 万元。

为感谢贾某的帮助，2009 年 7 月至 2011 年 8 月，董某先后分四次送给贾某共计 30 万元。2013 年下半年，贾某得知省委可能提拔其担任副厅级干部，其间，有群众反映其相关问题，贾某担心收受董某30万元的问题暴露，遂安排其妻梁某将30万元退还给董某。2013年11月，贾某被提拔为A省某厅副厅长。

2018年底，贾某与其妻梁某商议，以家庭急需用钱为由又找董某拿20万元补贴家用。2020年4月，曾与贾某搭班子的B市原市委书记吴某被省纪委立案审查，贾某获知后担心受吴某案件牵连，便安排其妻梁某又将20万元退还给董某。

处理意见

本案中，对于贾某受贿的定性没有异议，但对其受贿金额存在几种不同的意见：

第一种意见认为：根据刑法“既遂后无出罪”原则，当故意犯罪既遂后，事后行为对犯罪成立没有影响，只能作为量刑情节予以考虑。贾某收受董某30万元后，因群众举报其相关问题担心暴露而退还，不影响其受贿犯罪的认定。贾某在退还30万元5年后又主动向董某提出资金需求，主观恶性较大，索贿行为明显。尽管后期又因相关人员被调查而退还，但不影响索贿20万元的认定。因此，贾某受贿金额应该为30万元加20万元，共计50万元。

第二种意见认为：虽然贾某两次收钱、退钱的过程看似两个独立完整的犯罪构成，但其行为动机却存在关联性。贾某两次收钱的事实是基于“帮助董某承包矿井”这同一个谋利事项，没有前一次退款则没有后一次索贿，不能人为地将贾某的两个行为割裂开来，也不适宜对同一个犯意进行重复评价。因此，应当认定贾某受贿30万元。

第三种意见认为：贾某受贿金额的认定，要坚持主客观相一致的原则，依据贾某及其妻子梁某两次收钱退钱行为表现来综合判定，不宜简单将是否收受或者退还财物作为受贿既遂和未遂的区分标准，也不宜简单用一个犯意来否定另一个新的犯意。主观故意不同，受贿数额也不同。

评析意见

笔者同意第三种意见，现结合案情作如下评析。

一、贾某收受董某30万元行为的定性问题

贾某利用职务上的便利，为董某在承包矿井方面谋取利益，在两年内先后四次收受董某财物共计30万元，犯意明显，受贿犯罪的定性毫无争议。贾某收受30万元后，在长达两年的时间内没有退还，后因自己受到群众举报，担心受贿行为暴露，遂将30万元退还董某。从上述行为表现看，贾某退还30万元的主观动机并非不想收钱，而是为规避法律，不希望影响自己升迁。根据“两高”《关于办理受贿刑事案件适用法律若干问题的意见》第九条，“国家工作人员受贿后，因自身或者与其受贿有关联的人、事被查处，为掩饰犯罪而退还或者上交的，不影响认定受贿罪”。贾某退还30万元的行为，不影响受贿犯罪的认定。

二、贾某退还30万元后又索要20万元的定性问题

本案中，贾某及其妻梁某退还、索要财物行为可能存在两种不同的主观认识和动机。不同认识和动机，决定了后续贾某索要20万元能否被视为单独的犯罪，也最终决定了贾某的受贿金额。

第一种情形，为掩饰犯罪，规避刑事追究，贾某对第一次受贿30万元的行为进行自我纠正，尽管法律并不认可这种自我纠正。比如，贾某及妻子梁某向董某退钱过程中明确表示不要这笔钱了，并与董某串供，约定送钱行为未发生。此种情形下，5年后，如果贾某基于新的犯意，比如考虑到自己现在职位更高，董某未来可能有求于自己，重新对董某提出资金需求，且董某也乐于通过送钱与贾某继续保持良好关系，以备未来不时之需，那么双方实际上达成了新的权钱交易，只不过此时的“权”还只是未来可兑现的“期权”。那么贾某收受董某20万元的行为，就不能视为上一个受贿行为的延续，而应视为一个独立、完整的犯罪行为，且贾某索贿行为明显，尽管后期其因关联人受到查处而退还20万元，但不影响索贿20万元的认定。因此，贾某受贿金额为30万元加20万元，共计50万元。

第二种情形，贾某迫于外部形势，暂时放弃对30万元的占有，将保管权转移至董某，待时机成熟再收回。比如，贾某及其妻子梁某在向董某退钱过程中明确表示，这笔钱先放在董某那里保存，风险消除后再说，这表明30万元仍在贾某的控制之下。那么，第一次收钱行为与第二次要钱行为就存在紧密关联。前后两个行为不是彼此孤立，而是出自同一故意，指向同一请托事项和职务行为。此种情形下，贾某重新提出资金需求，董某将30万元中的20万元送给贾某，对这20万元显然不能认定为索贿。此时，贾某受贿金额应为30万元。

（胡燎原　湖北省纪委监委）

（原载于《中国纪检监察报》2021年2月10日）

36. “利用职务上便利”中的“隶属关系、制约关系”解析

典型案例

案例一 张某，中共党员，B 市教育局副局长。洪某，B 市 C 区教育局局长。2016 年 8 月，张某为帮助朋友赵某的子女违规择校，找到洪某，让其违规将赵某的女儿安排入学，事后张某收受赵某 1 万元。

案例二 李某，中共党员，A 区国税局征管科科长。孙某，某国有水力发电公司经理。2016 年 4 月，李某对该公司违规问题处罚时，趁机要求孙某将其战友郝某之子安排在该公司。事后郝某送给李某 3 万元。

案例三 钱某，中共党员，D 省财政厅主管社会保障处（主管民政厅行政经费的拨付工作）的副厅长。晓某，D 省民政厅厅长。2017 年 3 月，钱某为帮助大学同学胡某女儿调转工作，找到晓某，晓某将其安排在民政厅办公室工

作。钱某收受胡某 2 万元。

处理意见

案例一中，张某利用职务上有隶属关系的下级国家工作人员的职权，非法收受他人财物，为他人谋取利益，依据 2016 年最高人民法院、最高人民检察院《关于办理贪污贿赂刑事案件适用法律若干问题的解释》（以下简称《解释》）的规定，张某收受 1 万元，构成一般受贿违法行为，不涉嫌受贿犯罪问题。依据《党纪处分条例》第二十八条的规定，追究张某的党纪责任。依据监察法第四十五条的规定，给予张某政务处分。

案例二中，李某利用职务上的便利，非法收受他人财物，为他人谋取利益，依据《解释》的规定，李某收受郝某 3 万元，涉嫌受贿犯罪问题。属于公职人员的中共党员严重违反党纪涉嫌犯罪的情况。依据《公职人员政务处分暂行规定》第七条的规定，应当由党组织先作出党纪处分决定，即依据《党纪处分条例》第二十七条的规定，追究李某的党纪责任，给予党纪重处分。依据《公职人员政务处分暂行规定》第八条的规定，监察机关对公职人员中的中共党员给予政务处分，一般应当与党纪处分的轻重程度相匹配。因此，监察机关依据监察法第四十五条的规定，应当给予李某政务重处分。监察机关制作起诉意见书，移送人民检察院依法审查、提起公诉，依法追究李某的刑事责任。

案例三中，钱某利用职务上的便利，非法收受他人财物，为他人谋取利益，依据《解释》的规定，钱某收受胡某 2 万元，构成一般受贿违法行为，不涉嫌受贿犯罪问题。依据《党纪处分条例》第二十八条的规定，追究钱某的党纪责任。依据监察法第四十五条的规定，给予钱某政务处分。

评析意见

实践中，对利用职务上便利中的有“隶属关系”“制约关系”的其他国家工作人员的职权等情形受贿行为，如何准确认定，是经常遇到且必须厘清的问题。

一、张某等三人违反国家法律法规规定，张某、钱某属于一般受贿违法行为，李某涉嫌受贿犯罪问题

受贿罪在客观方面是利用职务上的便利，索取他人财物，或者非法收受他人财物，为他人谋取利益的行为。利用职务上的便利是构成受贿罪的前提条件。根据最高人民法院 2003 年 11 月印发的《全国法院审理经济犯罪案件工作座谈会纪要》（以下简称《纪要》），“刑法第三百八十五条第一款规定的‘利用职务上的便利’，既包括利用本人职务上主管、负责、承办某项公共事务的职权，也包括利用职务上有隶属、制约关系的其他国家工作人员的职权”。这包括以下两种情况：一是利用本人职权，即利用本人职务上主管、负责或者承办某项公务的职权。二是利用职务上有隶属、制约关系的其他国家工作人员的职权。

结合实践，笔者认为，“隶属关系”是纵向制约关系，是指单位内部国家工作人员之间或者上下级单位国家工作人员之间的管理和被管理、领导与被领导的关系。“制约关系”是横向制约关系，是指行为人虽不直接领导、管理其他国家工作人员，但其职务范围内的权力能够派生出对其他国家工作人员的职务利害影响和相关约束力。

进而，利用职务上的“制约关系”包括两类情形：一是利用职务上“现行具体职务行为”的职权，二是利用职务上“现有职务权限”的职权。前者如案例二中李某，在对该公司违规问题处罚时，也就是李某在现行具体职务行为中，要求孙某将其战友郝某之子安排在该公司。后者是指行为人没有“现行具体职务行为”，但是被利用的其他国家工作人员相关事务在该行为人“现有职务权限”范畴内。譬如，案例三中，钱某主管民政厅行政经费的拨付工作，钱某的现有职务权限在客观上能够产生对民政厅在行政经费拨付方面的制约。

应当注意，单位与单位之间的制约关系，与单位之间国家工作人员之间的制约关系是不同的。在认定制约关系时，单位权限是认定个人权限的前提，在此基础上，要根据行为人现有职务权限进行具体判断认定。

应当强调的是，依据上述《纪要》规定，担任单位领导职务的国家工作人员通过不属自己主管的下级部门的国家工作人员的职务为他人谋取利益的，应当认定为“利用职务上的便利”为他人谋取利益。

二、利用职务上的便利中的“制约关系”与“利用职权或者地位形成的便利条件”的区别

利用刑法第三百八十五条第一款规定的“利用职务上的便利”中“制约关系”的受贿行为与刑法第三百八十八条规定的“利用本人职权或者地位形成的便利条件”的受贿行为，均是行为人通过其他国家工作人员的职务行为为请托人谋取利益，但两者是有区别的。根据《纪要》，后者是指行为人与被其利用的国家工作人员之间在职务上虽然没有隶属、制约关系，但是行为人利用了本人职权或者地位产生的影响和一定的工作联系，如有工作联系的不同单位的国家工作人员之间等，行为人与其他国家工作人员之间是平等的关系，其他国家工作人员所以为行为人行事，一般是为了互相利用。而利用职务上的便利中的“制约关系”强调的是行为人职务范围内的权力能够派生出对其他国家工作人员的职务利害影响和相关约束力。

利用具有“制约关系”的其他国家工作人员职权的受贿行为，应当依据刑法第三百八十五条的规定，定罪处罚。“利用本人职权或者地位形成的便利条件”通过其他国家工作人员职务上的行为，为请托人谋取的必须是不正当利益，索取请托人财物或者收受请托人财物，才构成受贿。应当依据刑法第三百八十八条的规定，定罪处罚。

（刘　凯）

（原载于《中国纪检监察报》2018 年 5 月 30 日）

37. 行为人涉嫌渎职犯罪且有受贿行为如何处理

典型案例

案例一　黄某，某县公安局治安大队大队长，中共党员。2017 年 3 月，黄某在主办蔡某涉嫌强奸犯罪一案的过程中，接受蔡某亲属的请托，多次收受蔡某亲属送予的好处费共计 35 万元。后在该案取证的过程中，黄某不进行全面客观的取证，并采用引诱、主观臆造等形式制作笔录，导致检察机关在审查批准逮捕时认定蔡某涉嫌强奸的证据不足，未对蔡某批准逮捕，并最终导致该案件被撤销。

案例二　王某，某监狱监狱长，中共党员。2015 年至 2017 年，王某利用职务便利，在管理、呈报服刑犯减刑材料的过程中，收受多名服刑人员家属送予的好处费共计 68 万元，后采取故意违反法定程序和条件、编造犯罪改造情况等手段，致使多名不符合条件的罪犯得以减刑或多减刑。

处理意见

上述两个案例，行为人均实施了受贿和渎职两个犯罪行为。具体来讲，案例一中，黄某实施了受贿和徇私枉法两个犯罪行为；案例二中，王某实施了受贿和徇私舞弊减刑两个犯罪行为。但在具体认定中，对上述黄某和王某的行为如何定罪处罚，却有争议。

第一种观点认为：黄某和王某均收受了他人贿赂，且实施了相关的渎职行为，相关行为均符合受贿罪和相关渎职犯罪的构成要件，因此，应当对其二人以受贿罪和相关的渎职犯罪数罪并罚。

第二种观点认为：黄某和王某二人收受贿赂的行为系“结果行为”，实施相关渎职犯罪的行为系“原因行为”，二人的行为均属于结果与原因的牵连，应按照牵连犯的处断原则，择一重罪处罚。

评析意见

笔者认为以上两种观点均值得商榷。具体来讲，对于黄某的行为应以受贿罪和徇私枉法罪中的一重罪定罪处罚；对于王某的行为则应以受贿罪和徇私舞弊减刑罪两罪数罪并罚。

一、受贿行为和渎职行为属牵连关系

牵连犯是指以实施某个犯罪为目的，其方法行为或者结果行为又触犯了其他罪名的犯罪形态。具体来讲，成立牵连犯在主观上必须基于一个犯罪故意，客观上必须实施了两个以上相对独立的犯罪行为，且数行为之间具有牵连关系。一般来讲，行为人实施受贿行为和渎职行为的最终目的均是为索取或收受财物。其中，在行为人为索取或收受财物而实施渎职行为时，受贿行为为目的行为，渎职行为为手段行为。在行为人先实施渎职行为，后索取或收受他人财物时，受贿行为属于结果行为，渎职行为属于原因行为。因此，不论行为人先实施受贿行为，还是先实施渎职行为，两行为之间均具有牵连关系。另外，根据受贿罪的复合型特征，受贿罪包括“为他人谋利”和“收受财物”两个实行行为，其中，“为他人谋利”行为在客观上常表现为事后的渎职行为，如上例中，黄某和王某收受财物后为他人谋利的行为，即表现为事后的徇私枉法和徇私舞弊减刑的行为。

二、受贿行为和渎职行为一般应数罪并罚

不同的犯罪构成要件是区分一罪与数罪的标准。行为人实施受贿行为和渎职行为，在符合受贿罪和相关渎职犯罪构成要件的情况下，即应以受贿罪和相关渎职犯罪数罪

并罚。可能有些同志会认为，既然受贿行为和渎职行为属于牵连关系，按照牵连犯的一般处断原则，应当择一重罪处罚（如上述第二种观点）。对此，笔者认为不妥当。从理论上看，牵连犯本质上属于两个不同的犯罪行为，触犯了两个不同罪名，不应绝对地择一重罪处罚。对牵连犯进行数罪并罚还是择一重罪处罚，需要考虑具体行为的社会危害性。当牵连犯中的手段（原因）行为与目的（结果）行为的社会危害性存在较大差别时，择一重罪处罚，不会存在刑罚实质上的不合理。但如果牵连犯两行为的社会危害性都比较大时，择一重罪处罚可能有悖于罪刑相适应原则。实际上，受贿犯罪和渎职类犯罪都是国家公职人员利用职务便利或职权实施的犯罪，均具有较大的社会危害性，对这两类犯罪进行严厉打击一直是立法机关和实践部门所共同强调的。也基于此，2013 年"两高"出台的《关于办理渎职刑事案件适用法律若干问题的解释（一）》（以下简称《渎职案件解释》）第三条明确规定：国家机关工作人员实施渎职犯罪并收受贿赂，同时构成受贿罪的，除刑法另有规定外，以渎职犯罪和受贿罪数罪并罚。

三、刑法第三百九十九条第三款属于特别规定

《渎职案件解释》第三条虽然明确规定了对受贿犯罪和渎职犯罪应当进行数罪并罚的原则，但同时强调"除刑法另有规定外"。这里的"刑法另有规定"即为刑法第三百九

十九条第三款的规定。该条文明确规定了司法工作人员涉嫌徇私枉法罪、民事（行政）枉法裁判罪、执行判决、裁定失职罪（滥用职权罪）这三种犯罪，且收受贿赂构成受贿犯罪的，依照处罚较重的规定定罪处罚。对于刑法第三百九十九条第三款的规定，有人认为是一种立法漏洞，应当废除；也有人认为该条款有其存在的合理性。对此笔者不作置评。但可以明确的是，该条文确为一种特别规定。除上述三种渎职犯罪以外，行为人实施其他渎职犯罪行为，又收受贿赂构成受贿犯罪的，均应当数罪并罚。结合上述案例，案例一中黄某实施了受贿和徇私枉法两个犯罪行为，因此，应当择一重罪处罚。案例二中，王某实施了受贿和徇私舞弊减刑两个犯罪行为，应当以受贿罪和徇私舞弊减刑罪数罪并罚。

四、关于罪名管辖的说明

修改后的刑事诉讼法规定，人民检察院在对诉讼活动实行法律监督中发现的司法工作人员利用职权实施的非法拘禁、刑讯逼供、非法搜查等侵犯公民权利、损害司法公正的犯罪，可以由人民检察院立案侦查。在人民检察院所保留的可以独立行使侦查权的职务犯罪罪名当中，就包括徇私枉法罪和徇私舞弊减刑罪。对此，应当如何协调与监委的管辖权问题？首先应当明确的是，监委对上述司法工作人员的渎职犯罪享有管辖权。同时，检察机关在行使管辖权的过程中，发现犯罪嫌疑人同时涉嫌监委管辖的其他职务犯罪线索时（如案例中，司法工作人员黄某和王某涉嫌相关渎职犯罪的同时，又涉嫌受贿犯罪），一般应和监委通报沟通，由监委进行管辖。检察院应当将案件和相应的职务犯罪线索一并移送监委处理。

（李崇华　王汉文）

（原载于《中国纪检监察报》2019年2月13日）

38. 利用审批福彩投注机职务之便谋利如何处理

典型案例

张某，中共党员，某市福彩中心主任。张某违规给自己、亲属等人审批福彩投注机，明知存在“人机分离”（即福彩投注机登记人与实际经营人不一致）现象而不履行监管查处职责，并利用职务便利谋取私利。

其中，2006 年 11 月至 2017 年 7 月，张某利用职务便利，假借其妻子、女儿、岳母、侄子等 10 人的名义，将 12 台福彩投注机违规审批给自己，并通过洪某等 5 人物色福彩实际经营户，将投注机交由俞某某等 20 余人实际经营，尔后以截留分取一定比例代销费形式获利 297 万余元。2006 年底至 2017 年 7 月，张某、董某某等 3 人合谋，假借董某某亲友的名义，将 10 台福彩投注机违规审批给 3 人，通过董某某物色福彩实际经营户，并以截留分取一定比例代销费的形式获利216万余元，张某分得65万元。

处理意见

第一种意见认为，张某的行为构成贪污罪。第二种意见认为，张某的行为构成受贿罪。第三种意见认为，张某的行为构成滥用职权罪。第四种意见认为，张某的行为构成受贿罪和滥用职权罪，应予并罚。

评析意见

笔者同意第四种意见，具体分析如下：

一、张某的行为不构成贪污罪

究其实质，福彩投注机仅仅是公共资源平台，其真正代表的其实是一种行政许可权，经营结束后，实际经营户需要将福彩投注机交还市福彩中心，并取回押金。可见，福彩投注机本身不是张某犯罪的对象，福彩投注机背后的福彩经营许可权才是张某的目标，而福彩经营许可权作为一种公权力，自身并不具有典型意义上的公共财物的属性，不能成为贪污犯罪的对象。因此，张某并非利用职务便利侵吞、窃取、骗取公共财物，不能构成贪污罪。

二、张某的行为不宜定一罪

一方面，张某的行为如仅以受贿罪定罪处罚，对于其不履行查处“人机分离”监管职责造成恶劣影响的行为，没有进行刑法的否定性评价，有违刑法上的充分评价原则。另一方面，如将张某的行为仅以滥用职权罪定罪处罚，把张某谋取私利作为滥用职权罪中“徇私舞弊”情节加以考虑，则模糊了滥用职权罪“徇私舞弊”中的“私利”与受贿罪“谋取私利”中的“私利”之间罪量的边界。一般情况下，“徇私舞弊”中的“私利”往往数额较小，达不到受贿罪的起刑标准。本案中，张某单独或共同受贿共计500余万元，远远超过了“徇私舞弊”中“私利”的罪量。《关于办理渎职刑事案件适用法律若干问题的解释（一）》（以下简称《两高渎职司法解释》）第三条规定，“关于国家机关工作人员实施渎职犯罪并收受贿赂，同时构成受贿罪的，除刑法另有规定外，以渎职犯罪和受贿罪数罪并罚”。综上，单独对张某定受贿罪或滥用职权罪均属片面评价，不能罚当其罪。

三、张某的行为构成受贿、滥用职权两罪

张某的行为符合受贿罪的构成要件。张某属于在事业单位对福彩公共事务履行监督、管理职责的人员，符合刑法第九十三条第二款所指的事业单位中从事公务的人员的认定，可以作为受贿罪的主体。同时，张某利用担任市福

彩中心主任的职务便利，为福彩投注机实际经营户谋取不正当利益，且从这些实际经营户所获利益中截留分取了“报酬”，符合受贿罪中“权钱交易”的本质特征。

张某的行为符合滥用职权罪的构成要件。第一，张某的身份符合滥用职权罪的主体要件。本案中张某所在的市福彩中心，负有福利彩票的发行、管理等行政管理职权。《两高渎职司法解释》第七条规定，“依法或者受委托行使国家行政管理职权的公司、企业、事业单位的工作人员，在行使行政管理职权时滥用职权或者玩忽职守，构成犯罪的，应当依照《全国人民代表大会常务委员会关于〈中华人民共和国刑法〉第九章渎职罪主体适用问题的解释》的规定，适用渎职罪的规定追究刑事责任”。因此，张某虽然不属于国家机关工作人员，但依上述规定，符合滥用职权罪的主体要件。

第二，张某的行为是典型的滥用职权行为。在审批环节中，不该为而乱作为。根据有关规定，彩票发行机构、彩票销售机构向社会征召彩票代销者和设置彩票销售场所，应当遵循公开公正、规范透明等原则。彩票代销者不得委托他人代销彩票。张某作为市福彩中心主要负责人，明知给自己、亲友、同事、关系户审批福彩投注机违反上述规定而执意为之，是乱作为，属于滥用职权行为之一。在监管环节中，该为而故意不作为。根据福利彩票有关规定，投注站在彩票销售中，出现私下转让、转包投注站或福彩投注机等现象，福彩中心有权作退机（取消代销资格）处理。张某置其法定职责于不顾，符合滥用职权罪的客观要件。

第三，张某的滥用职权行为造成了恶劣的社会影响。在张某滥用职权行为造成的后果认定上，《最高人民检察院关于渎职侵权犯罪案件立案标准的规定》对刑法第三百九十七条规定的“致使公共财产、国家和人民利益遭受重大损失”作出了司法解释，“造成恶劣社会影响的”也可以作为渎职犯罪认定的损失结果。在本案中，张某滥用职权的行为造成福彩投注机“一机难求”，普通群众通过正常渠道无法申请到福彩投注机，出现大范围的“人机分离”现象，大量不法之人从中谋利，福彩市场管理失序，群众有信访投诉。

（俞　振　斯晓健　卢永元　浙江省杭州市纪委监委）

（原载于《中国纪检监察报》2018 年 6 月 13 日）

39. “特定关系人”和“关系密切的人”解析

典型案例

案例一　角某，中共党员，某县教育局局长。2016 年 9 月，角某为其高中同学李某（某软件开发公司经理）的女儿违规择校提供帮助。后角某将其妹妹安排在李某公司，月薪 2000 元，不实际工作却领取工资，至案发时共领取 3 万元。

案例二　佟某（佟小某哥哥），中共党员，某县发改局局长。佟小某，该县某民营公司经理。佟小某的朋友肖某系某商场经理，该商场无零售烟草专卖许可证，却经营相关业务。2016 年 10 月，肖某被县工商局查扣 300 条香烟。佟小某找该县工商局局长纪某（另案处理）求情，纪某违规将香烟返还肖某。事后，肖某送给佟小某 3 万元。佟某对这件事不知情。

处理意见

案例一中，角某利用职务上的便利为请托人谋取利益，要求请托人以安排工作为名，行获取不当报酬之实，依据最高人民法院、最高人民检察院 2007 年《关于办理受贿刑事案件适用法律若干问题的意见》（以下简称 2007 年《意见》）第六条关于特定关系人“挂名”领取薪酬问题的规定，涉嫌受贿犯罪。

案例二中，佟小某是与国家工作人员佟某关系密切的人，根据刑法第三百八十八条之一的规定，他利用佟某职权形成的便利条件，通过其他国家工作人员的职务行为，为请托人谋取不当利益、收受财物，涉嫌利用影响力受贿犯罪。

评析意见

两个案件中，对相关人员的定性归责没有分歧。关键是对案例一中“特定关系人”与案例二中利用影响力受贿罪犯罪主体“关系密切的人”如何准确界定。2007 年《意见》中规定了“特定关系人”“共同利益关系人”两个概念。刑法第三百八十八条之一就利用影响力受贿行为规定了“关系密切的人”的概念。对于上述三个概念，立法机关和司法机关没有给出具体认定标准。三个概念间有何关系、如何认定？

一、“特定关系人”解析

2007年《意见》给出了“特定关系人”的概念，即与国家工作人员有近亲属、情妇（夫）以及其他共同利益关系的人。特定关系人就是有共同利益关系的人，认定是否属于特定关系人，关键在于是否与国家工作人员有共同利益关系。特定关系人主要有三种形式：近亲属、情妇（夫）以及其他共同利益关系的人。

笔者认为，对“特定关系人”的认定应注意以下几个方面：关于近亲属认定问题。根据最高人民法院1988年《关于贯彻执行〈民法通则〉若干问题的意见（试行）》第十二条规定，近亲属包括配偶、父母、子女、兄弟姐妹、祖父母、外祖父母、孙子女、外孙子女。

关于对“其他共同利益关系的人”认定问题。对于共同利益关系的理解和把握的重点，就是共同利益关系主要是指经济利益关系。纯粹的同学、同事、战友关系，没有共同经济利益关系交叉，不属于上述共同利益关系。同时，共同利益关系不限于共同财产关系，经济利益包括财产利益和财产性利益。

2007年《意见》规定，“国家工作人员利用职务上的便利为请托人谋取利益，授意请托人以本意见所列形式，将有关财物给予特定关系人的，以受贿论处。特定关系人与国家工作人员通谋，共同实施前款行为的，对特定关系人以受贿罪的共犯论处”。因此，只要共同利益关系人接受相关贿赂，就可认定国家工作人员构成受贿。

二、“关系密切的人”解析

刑法就利用影响力受贿行为规定了“关系密切的人”的概念，但并未给出具体认定标准。那么“其他与该国家工作人员关系密切的人”包含哪些人？如何认定“关系密切”？

刑法指出“关系密切的人”包含国家工作人员的近亲属和其他与国家工作人员关系密切的人两种。国家工作人员的近亲属容易理解，“其他与国家工作人员关系密切的人”应该理解为，这些人可以间接及以特殊方式对国家工作人员行为、决定施加影响。实践中主要表现为以下几种常见的关系：血缘关系、亲属关系、情妇（夫）关系、同学战友关系、老朋友关系、同事上下级关系、老乡关系等。这些关系可以单独存在，也可交叉存在。

笔者认为，“特定关系人”是司法解释规定的概念，而“关系密切的人”存在于刑法具体条款。因此，“关系密切的人”范围大于“特定关系人”。

笔者认为，可从三个方面认定关系密切。首先，从关系密切的人角度，其对与国家工作人员关系自我供述关系密切，并有相关证据证明。其次，从行贿者及被利用的其他国家工作人员角度讲，他们知道“关系密切的人”与国家工作人员有同学、战友、上下级等关系，对国家工作人员具有特殊影响力。再次，从国家工作人员角度讲，承认其与“关系密切的人”的关系密切，但需要证据证明，比如经常相聚及单独会面等。

（刘　凯）

（原载于《中国纪检监察报》2018 年 8 月 1 日）

40. 李某行为是否涉嫌滥用职权或玩忽职守罪

典型案例

李某，中共党员，D 县发展和改革委员会党组成员、副主任，分管企业项目资金申报工作。2018 年 11 月，在其任职期间，A 食品有限公司通过 D 县发展和改革委员会申报了“省级现代食品产业发展项目”。李某作为 D 县时任发展和改革委员会分管食品产业化项目的副主任，在到 A 食品有限公司对该项目施工情况进行检查过程中，工作不认真，未按照项目实施方案核实到位，没有及时发现 A 食品有限公司未按照实施方案建设，便按照方案进度签字同意分批预拨补贴资金。后该项目经过市、县发改、财政等部门组成的专家组验收合格，A 食品有限公司顺利取得政府补贴资金 30 万元的所有权（按照文件规定，如果项目验收不合格，可以追回前期预拨的项目资金）。2019 年 2 月，有关部门因接到举报开展调查，发现该项目建设不合格，于是向D县纪委移交了李某等人的问题线索。

处理意见

本案争议焦点在于如何评价李某的行为。

第一种意见认为：李某作为D县发展和改革委员会分管企业项目资金申报的副主任，在前期的监管中失职，未及时发现项目没按照实施方案建设，并签字同意向A食品有限公司分批预拨补贴资金。最终，经过专家组验收合格，A食品有限公司顺利取得30万元政府补贴资金的所有权。李某的行为造成国家财产损失30万元，应当以滥用职权罪追究其刑事责任。

第二种意见认为：李某工作严重不负责，玩忽职守，不履行应尽的职责义务，在对A食品有限公司申报“省级现代食品产业发展项目”过程中监管不到位，致使A食品有限公司非法获取30万元政府项目补贴资金，造成国家财产重大损失，应当以玩忽职守罪追究李某的刑事责任。

第三种意见认为：李某作为D县发展和改革委员会分管企业项目资金申报的副主任，对项目建设有监管职责，但A食品有限公司最终取得30万元政府补贴资金，要经过市县相关部门的专家组独立验收合格，李某对于专家组的验收结果无权干涉。A 食品有限公司获得 30 万元政府补贴资金不以李某前期监管是否合格为依据，因此，李某的行为不构成滥用职权或玩忽职守罪，而是违反工作纪律行为。

近年来，随着中央转移支付力度不断加大，下拨地方专项资金的种类日益增多，金额大幅增加，涉及专项资金的滥用职权、失职渎职等职务违法、职务犯罪也随之增多，影响了专项资金的使用效益和安全。按照国家对专项资金的管理制度，专项资金必须专款专用，封闭运行，据实报账，不能列支费用，更不能非法套取。但由于种种原因，个别单位、部门或企业没有严格遵循专项资金的申报、使用原则，而是把专项资金看作“唐僧肉”，随意改变用途，还有些地方为了地方利益，和企业串通非法套取专项资金。如何准确认定该类行为的性质，对当前监督执纪执法工作具有较强的指导意义。

评析意见

对本案的处理，笔者同意第三种意见，即李某的行为不构成滥用职权或玩忽职守犯罪，但是属于违纪行为，应该追究其党纪责任。结合案例，具体分析如下：

一、李某行为不构成滥用职权罪

（一）李某的行为无滥用职权罪的主观故意

A 食品有限公司通过 D 县发展和改革委员会申报“省级现代食品产业发展项目”，李某作为 D 县发展和改革委员会分管领导，对项目的建设有监管责任，但其在例行检查中因疏忽大意导致未能发现 A 食品有限公司未按照实施方案的要求来建设，而非发现后隐瞒不报，其主观上没有滥用职权的故意。

（二）李某签字分批预拨项目资金未违反相关规定

依据该省财政专项资金报账制管理办法相关规定，在项目验收合格之前可以分批预拨 90% 的项目资金，项目验收合格后支付剩余 10% 的项目资金，如果验收不合格则追回前期已经预拨的资金。该管理办法中未对预拨资金条件作详细规定，李某作为 D 县发展和改革委员会副主任，虽对 A 食品有限公司申报的“省级现代食品产业发展项目”建设情况检查不到位，但其在专项资金报账拨款申请表上签字拨款的行为系职权行为，未违反相关管理规定。

二、李某行为不构成玩忽职守罪

（一）李某对于市、县专家组的验收结果无决定权

根据有关规定，A 食品有限公司获得 30 万元政府补贴资金主要依据是工程结束后的验收结果。项目验收组按规定程序独立验收，验收组的组成人员是市、县两级相关部门的成员，李某不是项目验收组成员，其对验收程序和验收结果也无权干涉，李某前期的行为与验收组出具验收合

格文件之间无因果关系。

（二）专家组的验收行为不以李某前期监管情况为依据

根据文件规定，市、县相关部门组成的专家组对 A 食品有限公司申报的“省级现代食品产业发展项目”进行验收需独立进行，不受前期监管情况影响。李某在前期监管中虽存在不正确履行职责行为，但其行为不是导致验收组出具错误验收结论的原因，也不是导致 A 食品有限公司最终获得政府补贴资金的原因。因此，李某的行为与 30 万元财政损失之间没有刑法上的因果关系，对李某不宜评价为玩忽职守犯罪。

综上，笔者认为，李某的行为不构成滥用职权或玩忽职守犯罪，而应该认定为在工作中不正确履行职责行为，依照《中国共产党纪律处分条例》第一百三十三条之规定，追究其党纪责任，同时，对 D 县发展和改革委员会具体负责该项目的有关工作人员进行追责。

（倪　元　刘北山）

（原载于《中国纪检监察报》2019 年 11 月 27 日）

41. 非案件主办人向犯罪分子通风报信涉嫌何罪

典型案例

张某，中共党员，某县公安局F派出所分管社区工作副所长。2017年，张某明知李某有贩毒行为并“以贩养吸”，既未按照人民警察的职责对李某开展查禁行动，也未依法向公安机关报告。2019年，F派出所开展打击贩毒的专项行动，并通过早会、支委会等形式传达行动方案。张某作为分管社区工作的副所长，负责摸排人员、社区调查等工作，知道此次行动后，两次通过微信语音向李某透露公安机关缉毒行动的有关信息。2019年3月，张某将李某介绍给F派出所分管案件侦查工作的副所长，将李某登记为“特情”人员。

处理意见

本案中，对张某的行为如何定性存在两种不同意见。

第一种意见：应以徇私枉法罪追究张某的刑事责任。张某担任F派出所副所长期间，明知李某系贩毒人员，不依法履行查禁职责，且违规帮助李某登记为“特情”人员，致使李某未及时受到刑事处罚，其构成徇私枉法罪。

第二种意见：应以帮助犯罪分子逃避处罚罪追究张某的刑事责任。张某身为有查禁犯罪活动职责的国家工作人员，在得知公安机关将开展打击毒品犯罪行为的专项行动后，两次向犯罪分子通风报信，并以其他方式帮助犯罪分子逃避处罚，其行为构成帮助犯罪分子逃避处罚罪。

评析意见

徇私枉法罪和帮助犯罪分子逃避处罚罪在主观上均有使犯罪分子不被追诉之目的，但两罪在主体要件、客观行为表现等方面存在较大差异，在性质认定上，应结合案件精准把握。本案中，笔者同意第二种意见，理由如下。

一、张某不符合徇私枉法罪的犯罪主体要求

徇私枉法罪是指司法工作人员徇私枉法、徇情枉法，对明知是无罪的人而使他受追诉，对明知是有罪的人而故意包庇不使他受追诉或者在刑事审判活动中故意违背事实和法律作枉法裁判的行为。构成此罪的主体是负有刑事追诉职责的司法工作人员，即具体承办案件或指示、指挥承办案件的司法工作人员。帮助犯罪分子逃避处罚罪是指有查禁犯罪活动职责的国家机关工作人员，向犯罪分子通风报信、提供便利，帮助犯罪分子逃避处罚的行为。行为主体是依照法律法规规定、受国家机关委托或代表国家行使查禁职责而在国家机关中从事公务的人员。

本案中，F派出所作为县公安局下设派出所，负有侦查、查禁包括毒品犯罪行为在内的职责。但对公安机关内部工作人员的性质认定，应结合其所履行岗位职责和从事公务活动的属性进行具体分析。张某作为分管社区工作的副所长，主要负责摸排人员、社区调查等，不具体分管案件侦查，在专项行动中居于配合案件侦查工作的地位。故张某在本案中不属于具体侦查或指示、指挥案件侦查的司法工作人员，不负有刑事追诉职责，而是有查禁犯罪活动职责的国家机关工作人员，故不符合徇私枉法罪的犯罪主体要求。

二、张某的行为符合帮助犯罪分子逃避处罚罪的客观表现

根据《最高人民检察院关于渎职侵权犯罪案件立案标

准的规定》，徇私枉法罪客观行为往往表现为采取隐瞒、歪曲事实或直接伪造、隐匿、毁灭证据等违背法律的手段，以对案件事实和证据施加直接影响的行为。帮助犯罪分子逃避处罚罪客观行为包含以电话、电报、传真、书信等方式，向犯罪分子泄露、提供有关查禁活动的情况、信息（如查禁的时间、地点、人员、方案、计划、部署等）以及其他帮助犯罪分子逃避处罚的情形。

本案中，张某利用职务之便得知公安机关将开展打击贩毒的专项行动后，两次以微信语音方式向涉嫌毒品犯罪的李某泄露行动信息，该行为是向李某通风报信，而非以隐瞒、歪曲事实或直接伪造、隐匿、毁灭证据的手段来对具体案件的事实和证据施加直接影响。同时，张某明知李某涉嫌犯罪，不符合“特情”人员条件，为保护李某，仍将其介绍给分管案件侦查工作的公安机关人员并登记身份信息，该行为属于张某向李某提供便利，以其他方式帮助李某逃避处罚的行为。故前述行为不符合徇私枉法罪立案标准规定的行为。

综上，张某作为有查禁犯罪活动职责的国家机关工作人员，在得知公安机关将开展打击贩毒的专项行动后，两次向涉嫌毒品犯罪的李某通风报信和帮助李某登记为“特情”人员的行为，符合帮助犯罪分子逃避处罚罪的构成要件，应以涉嫌帮助犯罪分子逃避处罚罪追究张某的纪法责任。

（冉从江　重庆市长寿区纪委监委）

（原载于《中国纪检监察报》2021 年 5 月 19 日）

42. 同样用公款报销个人费用为何罪名不同

典型案例

王某，男，中共党员，某省住建厅副主任。2020 年 3 月，王某携家人外出旅游产生费用 3 万元。同年 5 月，王某在听取分管单位省配套办主任李某汇报工作时说：“最近家人外出旅游花了 3 万元，这旅行社开的发票也不好报销。”李某随即说：“我可以在我们单位把这 3 万元给您报销了。”王某表示同意。之后，李某安排省配套办会计虚开票面金额为 3 万元的办公耗材发票，并以此入账报销了上述费用，后将该 3 万元交予王某。

2020 年 9 月，王某打算购置一套价值 3 万元的家用红木家具。同年 11 月，王某在接受分管单位省住房保障服务中心主任张某宴请时说：“最近看中了一套 3 万元的红木家具，但是手头比较紧。”张某随即说：“我手头比较宽裕，买红木家具的钱我替您出了。”王某表示同意。之后，张某安排省住房保障服务中心会计虚开票面金额为 3 万元的会议费发票，并以此入账。后张某将套取的 3 万元交予王某，但并未告知王某钱款的来源。

处理意见

上述案例中，对王某的行为应如何认定产生了分歧。

第一种意见认为：王某构成贪污罪。王某利用分管省配套办、省住房保障服务中心的职务便利，由李某、张某在所在单位报销其个人费用，属于贪污罪共同犯罪。

第二种意见认为：王某构成受贿罪。李某和张某都是王某分管单位的主要负责同志，属于“感情投资型”受贿中的下属，王某接受二人报销的费用均达到了 3 万元，且可能影响职权行使，应认定王某构成受贿罪。

第三种意见认为：王某构成贪污罪和受贿罪。根据王某犯罪的主观故意不同，在认定时应予以区别，王某前一行为具有贪污的主观故意，而后一行为具有受贿的主观故意，应分别认定为贪污罪和受贿罪。

评析意见

笔者赞成第三种意见。

一、王某与李某构成贪污罪共同犯罪

刑法第三百八十二条规定，国家工作人员利用职务上的便利，侵吞、窃取、骗取或者以其他手段非法占有公共财物的，是贪污罪。按照 1999 年最高人民检察院《关于人民检察院直接受理立案侦查案件立案标准的规定（试行)》，"利用职务上的便利"是指利用职务上主管、管理、经手公共财物的权力及方便条件。该规定并没有明确利用职务上有隶属关系的其他国家工作人员主管、管理、经手公共财物的权力是否属于"利用职务上的便利"。但是 2012 年最高人民法院《关于发布第三批指导性案例的通知》，在杨延虎等贪污案指导案例中，对"利用职务上的便利"进一步予以明确，既包括利用本人职务上主管、管理公共财物的职务便利，也包括利用职务上有隶属关系的其他国家工作人员的职务便利。本案中，王某作为分管省配套办的省住建厅副主任，其与李某之间存在职务上的隶属关系，该 3 万元旅游费用在省配套办报销，实际上是利用了李某职务上主管、管理省配套办公共财物的职务便利。

刑法第二十五条规定，共同犯罪是指二人以上共同故意犯罪。构成共同犯罪的前提是行为人之间有通谋，即达成共同的犯意联络。本案中，王某在向李某提及3万元旅游费用时，李某提议将该3万元从省配套办报销，王某表示同意，二人形成了共同的犯罪故意，且犯意指向的对象是省配套办的公共财物。王某明知自己的3万元旅游费用按照正常途径无法在省配套办报销，而只有通过虚列开支等非法手段才能报销，但仍希望这种危害结果发生，王某具有贪污的主观故意。后李某按照二人的商议，安排会计通过虚列开支的方式报销了3万元旅游费用，其手段行为属于贪污罪中的骗取。李某未分得赃款的情节可以在量刑时予以考虑，但是并不影响二人构成贪污罪共同犯罪。

二、王某构成受贿罪，而张某构成贪污罪

本案中，张某利用担任省住房保障服务中心主任的职务便利，通过虚列开支的方式套取3万元红木家具费用，其构成贪污罪，这没有异议。但王某是否也构成贪污罪？笔者认为，王某不构成贪污罪。首先，张某提议其替王某出购买红木家具的3万元费用，但未提及从省住房保障服务中心报销，此时，王某犯意指向的对象是张某的财物，而非省住房保障服务中心的公共财物。其次，虽然王某得到的3万元是省住房保障服务中心的公共财物，但是张某的贪污行为并非王某授意，且张某在将3万元交予王某时，未告知王某钱款来源，张某的贪污行为超出了王某的主观认知范围，二人没有共同贪污的主观故意，按照主客观相一致的原则，不应该认定王某构成贪污罪。

王某不构成贪污罪，那构成何罪？笔者认为，王某构成受贿罪。根据2016年“两高”《关于办理贪污贿赂刑事案件适用法律若干问题的解释》，国家工作人员索取、收受具有上下级关系的下属或者具有行政管理关系的被管理人员的财物价值3万元以上，可能影响职权行使的，视为承诺为他人谋取利益。该条即关于“感情投资型”受贿的规定。“感情投资型”受贿，虽然没有具体请托事项，但就其本质而言，是行贿人通过向国家工作人员馈赠财物，与国家工作人员建立一定的感情基础，以期待国家工作人员在将来不确定的时间，利用职务便利为其谋利。构成“感情投资型”受贿，必须满足三个条件：一是索取、收受财物的对象是具有上下级关系的下属或者具有行政管理关系的被管理人；二是索取、收受的财物价值3万元以上；三是可能影响职权行使。结合本案，王某和张某之间是上下级关系，王某收受张某的金额是3万元，且可能影响王某的职权行使，故王某的行为属于“感情投资型”受贿，应认定其构成受贿罪。

（李国强　天津市市级机关纪检监察工委）

（原载于《中国纪检监察报》2021年1月27日）

43. 能否对试用期公务员进行政务处分

典型案例

2021 年 6 月，某国家机关在新录用公务员试用期满考核过程中发现，新录用公务员王某（中共党员）自 2020 年 8 月起一直违规在某企业任监事，该机关依据《中国共产党纪律处分条例》第九十四条第一款对违规从事营利活动行为的处分种类和幅度之规定，给予王某党内严重警告处分；但对于是否可以依据《中华人民共和国公职人员政务处分法》有关规定给予其相应处分，以及是否延长其试用期，产生不同意见。

处理意见

第一种意见认为：王某还未进行公务员登记，还不是公务员，不能依据《公职人员政务处分法》有关规定给予其相应处分；亦不宜以其受到党内严重警告处分为由，延长其试用期。

第二种意见认为：不能依据《公职人员政务处分法》有关规定给予王某相应处分，但可以参照《新录用公务员试用期管理办法（试行）》（以下简称《办法》）第十三条“受到记大过以下处分尚在处分期内的，试用期顺延至处分期满后考核”之规定，延长其试用期至党内严重警告处分影响期结束。

第三种意见认为：在仅给予王某党内严重警告处分的情况下，延长其试用期于法无据；该国家机关可以依据《公职人员政务处分法》有关规定给予王某相应处分，按照党纪处分和政务处分相匹配的原则，建议给予记大过处分，据此，延长其试用期至记大过处分期满比较妥当。

评析意见

笔者同意第三种意见，理由如下：

一、试用期的公务员按照《公务员法》进行管理，是监察法第十五条第（一）项规定的监察对象，可以适用《公职人员政务处分法》

根据《办法》第四条规定，“对新录用公务员的管理，除本办法规定外，按照《公务员法》和有关法律法规执行”。《办法》第三条还明确，“新录用公务员应当履行《公务员法》规定的义务，享有《公务员法》规定的相应权利，其依法履行职务的行为，受法律保护”。其次，监察法的立法目的之一是“加强对所有行使公权力的公职人员的监督，实现国家监察全面覆盖”。试用期公务员虽未进行公务员登记，但享有《公务员法》规定的权利，履行该法规定的义务，按照《公务员法》和有关法律法规进行管理。所以，试用期公务员是监察法第十五条规定的公职人员，任免机关和单位可以依据《公职人员政务处分法》的有关规定，依纪依法给予相应处分。

二、在仅给予王某党内严重警告处分的情况下，延长其试用期于法无据

《中国共产党纪律处分条例》第十条规定，“党员受到警告处分一年内、受到严重警告处分一年半内，不得在党内提升职务和向党外组织推荐担任高于其原任职务的党外职务”。该条款仅对受处分人员党内提升职务和向党外组织推荐担任高于原任职务的党外职务作出禁止性规定，没有对是否延长试用期作出规定。因此，在仅给予王某党内严重警告处分的情况下，延长其试用期至党内严重警告处分影响期结束，缺少纪法依据。

三、王某作为中共党员、公职人员，其在企业任监事的行为，既违反了《党纪处分条例》，也违反了《公职人员政务处分法》的有关规定

违反党纪的内容在此不再赘述。王某的行为违反了《公职人员政务处分法》第三十六条“违反规定从事或者参与营利性活动，或者违反规定兼任职务、领取报酬的，予以警告、记过或者记大过；情节较重的，予以降级或者撤职；情节严重的，予以开除”之规定，其所在国家机关可以据此给予其相应处分。综合考虑党纪处分和政务处分相匹配的原则，可以给予其记大过处分。同时，从严肃纪法执行的角度考虑，依据《办法》第十三条的规定，延长其试用期至记大过处分期满。试用期满考核不合格的，取消录用。

（王令兴　国家移民管理局机关纪委）

（原载于《中国纪检监察报》2021 年 8 月 25 日）

44. 职务犯罪案件中自首情节怎样认定

典型案例

2020年5月，某市委巡察组发现某局20万元公款去向存疑，遂将该线索转市纪委监委予以核实。经调阅会计凭证，该局某处长甲经手报销上述20万元，且发票来历存疑。6月，市纪委监委通知甲前来了解情况。甲因出差，2天后按要求来到市纪委监委。谈话过程中，甲采取撒谎、拖延等手段不配合核查工作，否认存在违纪违法问题，当天被市纪委监委立案并被采取留置措施。经多次思想教育及出示部分证据，甲在数天后主动交代使用虚假发票贪污共计60万元的问题。此外，甲还主动交代收受了某民营企业主A给予的20万元贿赂，其还从A处得知分管副局长乙也收受了A的贿赂，但金额不知。

乙察觉自己受贿事实可能败露，主动到市纪委监委说明问题，但只交代收受了另一民营企业主 B 30 万元贿赂的问题。市纪委监委当天对其立案并采取留置措施。留置期间，在办案人员向 A 核实前，乙又主动交代了收受 A 40 万元贿赂的问题。后经核实，乙利用职权为 A 谋利，其情妇丙还收受 A 价值 35 万元的汽车一辆，乙知情。

处理意见

本案中，对甲和乙是否具备自首情节，存在争议。

第一种意见认为：甲和乙均不具备自首情节。市纪委监委已开始对案件初核，甲是被通知来接受核查，不属于自动投案，更不是自首。乙虽是自动投案，但投案时未如实交代全部问题，是被留置后才交代主要问题。

第二种意见认为：甲和乙均具备自首情节。甲和乙都是主动到纪检监察机关接受调查，市纪委监委仅掌握两人问题的部分线索，未确切掌握犯罪事实，经思想教育，甲和乙在短时间内都如实交代了主要犯罪问题，符合职务犯罪被调查人心理变化的规律。

第三种意见认为：甲全盘否认存在违纪违法问题，是在被立案并被采取留置措施后才交代问题的，没有自动投案的意图和行为；在没有自动投案的前提下，其交代的贪污问题不具备自首情节；但其交代的受贿问题可以以自首论。乙是自动投案，结合其交代问题的时间节点和数额情况，具备自首情节。

评析意见

我国刑法以及1998年《关于处理自首和立功具体应用法律若干问题的解释》、2009年《关于办理职务犯罪案件认定自首、立功等量刑情节若干问题的意见》（以下简称2009年《意见》）、2010年《关于处理自首和立功若干具体问题的意见》（以下简称2010年《意见》）对自首制度进行了规定，自首应具备"自动投案"和"如实交代"两个要件。此外，中央纪委办公厅2019年印发了《纪检监察机关处理主动投案问题的规定（试行）》（以下简称《投案规定》），确立了"主动投案"制度。本案中，笔者赞成第三种意见，主要理由如下。

一、从自动投案的本质属性维度考虑

自动投案的本质是被调查人犯罪后，在人身自由的状态下，自愿、主动将自己置于办案部门的控制之下，并进一步接受法律的审查与制裁。最高人民法院发布的指导性案例"王春明盗窃案"指出："犯罪嫌疑人被公安机关口头或电话传唤后直接到案，并如实供述自己的罪行的，应当认定为自首。"《投案规定》第五条亦规定，涉嫌严重职务违法或者职务犯罪潜逃后又主动投案的，应当视为主动投案。上述规定，本质上都出于对行为人在人身处于自由状态时进行投案的肯定。本案中，甲接到配合了解情况的通知后，其可能作为证人，也可能作为被调查人，在清楚自己涉嫌犯罪的情况下，其既可以选择到案，也可以选择拒绝前往或潜逃。举重以明轻，不宜因为市纪委监委通知甲过来，就否定甲自动投案的可能性。

同时，也要认识到，自动投案应该是投案意图和投案行为的结合，行为人到办案部门投案应该是其主动选择的结果，其目的是交代问题接受调查，而且到案后必须积极主动交代自己涉嫌犯罪的问题，而不是怀着打探案情、试探办案机关等侥幸心理和观望情绪，或者把自首停留在口头上，却无任何配合办案部门的动作。

本案中，甲到市纪委监委后不配合调查工作，否认存在违纪违法问题，反映其不具备归案的目的性和交代的主动性。2009 年《意见》规定，自动投案应“未被宣布采取调查措施”，《投案规定》第七条亦规定纪检监察机关对有关人员采取留置措施后，有关人员主动交代问题的，不认定为主动投案。甲在被立案并被采取留置措施后才交代问题，已丧失自动投案的条件。

二、从办案机关的线索掌握维度考虑

市纪委监委发现会计凭证中有虚假发票，甲既可能涉嫌违规接待等违纪问题，亦可能不知道是虚假发票而报销，虽然不一定得出甲贪污的结论，但此类线索往往具有指向犯罪事实的作用。最高人民法院在“刘某、姚某挪用公款案”中认为，办案机关掌握此类线索，能够研判行为人可能涉嫌的犯罪性质和类型，据此进行调查谈话具有一定的针对性，行为人由此交代犯罪事实的，应当认定属于此线索针对的事实，不能认定为自首。对此，2009 年《意见》明确规定：“没有自动投案，在办案机关调查谈话、讯问、采取调查措施或者强制措施期间，犯罪分子如实交代办案机关掌握的线索所针对的事实的，不能认定为自首。”

本案中，即使甲交代了 60 万元的贪污事实，远多于市纪委监委掌握的 20 万元线索，但是在没有自动投案的情况下，该事实和市纪委监委掌握线索所针对的事实属于同种罪行，甲的贪污问题不具备自首情节，但可认定具有坦白情节。

三、从如实交代的时间数额维度考虑

自首的立法目的在于提高办案效率，节约办案资源，鼓励改过自新。被调查人交代部分犯罪事实后期待从轻处理，该期待应获得一定满足，但不能长时间不如实交代全部犯罪事实，否则就反映出被调查人避重就轻，缺乏认罪悔罪的诚意，同时增加办案成本，影响办案效率，违背制度设置的初衷。2010 年《意见》对行为人在自动投案后，如何认定“如实交代”在时间限制和数额比例上均作出了规定。监察体制改革以后，对于职务犯罪自动投案人如实交代的时限节点，笔者认为，应在办案机关掌握其主要犯罪事实之前。同时，如实交代的犯罪情节应重于未交代的犯罪情节，比如从犯罪性质看应当为较严重的罪行，从罪数看应当超过半数，从数额看应当超过50%。

本案中，乙主动到市纪委监委投案，立即交代了30万元受贿问题，能够体现乙愿意将自身置于组织控制之下，并接受处理的主观意愿，是自动投案。在此前提下，其在市纪委监委向A核实前，主动交代了40万元受贿事实，符合时间限制要求；其受贿数额共计105万元，在市纪委监委核实前主动交代70万元，符合数额比例要求。因此，乙具备自首情节。

四、从特殊自首的组成要件维度考虑

刑法规定“以自首论”的立法本意，是立足有利于案件调查的角度。2009年《意见》规定，没有自动投案的，如实交代办案机关未掌握的罪行，与办案机关已掌握的罪行属不同种罪行的，以自首论。

本案中，甲主动交代收受A 20万元贿赂问题，该问题尚未被市纪委监委掌握，且与市纪委监委原掌握的贪污罪不属于同种罪行，可认定具备自首情节。

职务犯罪案件的查办既有前置的初核程序，又有贯穿始终的思想教育工作，使被调查人的归案过程相对于普通的刑事犯罪，具有一定的复杂性和特殊性。监察体制改革以后，办案流程及方式更是发生了变化，在认定自首上容易存在一定的争议。笔者建议，针对实践中职务犯罪的特点，对自首认定中可能存在的疑难问题，可以进一步予以明确和规范。

（陈　澍　广东省纪委监委）

（原载于《中国纪检监察报》2021 年 3 月 24 日）

45. 这些情形是否可认定为主动投案

典型案例

案例一　甲，A 市科技局原副局长。2019 年，A 市纪委监委收到群众举报，反映甲与某科创公司董事长李某关系密切，在甲的帮助下，该公司多次获得政府项目资金扶持。2018 年，甲出资 100 万元购得该公司 20%股份，涉嫌违规从事营利活动。A 市纪委采取谈话函询方式处置该问题线索。在接受谈话时，甲如实交代了其购买上述公司股份的事实，还交代其存在仅出资 60 万元，剩余 40 万元并未实际出资的问题。

案例二　乙，B 市水利局原副局长。2019 年初，B 市纪委监委启动水利系统线索起底专项行动，相关人员先后落马。乙担心自己的问题被组织发现，主动向水利局负责人报告，交代其曾收受工程老板陈某所送烟酒、购物卡。水利局将线索移交给市纪委监委。乙接受审查调查后，主动交代其收受烟酒和购物卡的问题。经查，乙除了自己交代的收受陈某财物的问题之外，还存在收受陈某 50 万元现金涉嫌受贿犯罪的问题。

案例三：丙，C 市公安局原副局长。2019 年下半年，丙因涉嫌严重违纪违法，接受 C 市纪委监委审查调查。丙被采取留置措施后，深刻反思，真诚悔罪，除了交代纪检监察机关掌握的其涉嫌滥用职权的问题外，还主动如实交代了其与他人合伙贪污单位公款 200 万元的问题。

处理意见

主动投案制度的确立，有利于纪检监察机关通过政策教育，感化、挽救违纪违法的党员干部，也有利于节约办案资源，提高办案效率。需要注意的是，该项制度是法法衔接的重要方面，监察机关查明有关情节后可以依规依纪依法提出从宽处罚建议或出具到案情况说明，但犯罪嫌疑人能否认定具有自首、坦白等法定量刑情节，还需要司法机关依法认定。

上述三个案例中，对甲、乙、丙三人能否认定为主动投案产生了分歧。

▎评析意见

一、应认定甲具有主动投案情节，并可以认定具有自首情节

根据《纪检监察机关处理主动投案问题的规定（试行）》第五条第（二）项的规定，在A市纪委谈话函询过程中，甲主动交代纪检监察机关未掌握的其涉嫌受贿犯罪的问题，应视为主动投案。此时，甲仅因一般违纪问题接受纪检监察机关谈话函询，类似于因形迹可疑接受公安机关盘问，甲自愿交代问题，对自己的职务违法犯罪行为认罪悔罪，能体现其信任组织、依靠组织的心理，符合主动投案制度的创设初衷，应认定为主动投案。若后期经调查构成犯罪并移送司法机关，且甲能保持如实供述自身罪行，可由司法机关依法认定是否构成自首。

二、应认定乙具有主动投案情节，并分别认定是否具有自首情节

乙在尚未受到纪检监察机关审查调查谈话、讯问，也未被采取留置措施时就主动到所在单位投案，接受组织审查，应当认定具有主动投案情节。对于其如实交代的收受烟酒、购物卡等问题涉嫌犯罪的，可以认定具有自首情节。对于其隐瞒的收受巨额现金贿赂的涉嫌犯罪问题，不应认定具有自首情节。

三、丙的行为不应认定为主动投案，但其主动交代情节可从轻或减轻处理

根据《纪检监察机关处理主动投案问题的规定（试行）》第七条第一款的规定，纪检监察机关对丙采取留置措施后，丙主动交代纪检监察机关未掌握的本人涉嫌贪污犯罪的问题，不能认定为主动投案，但属于主动交代，可以依规依纪依法从轻或者减轻处理。丙虽然没有主动到纪检监察机关交代自己的问题，但其被留置后能及时醒悟，自愿接受组织审查，向组织坦白一切，仍符合宽严相济的政策要求。同时，根据“两高”《关于办理职务犯罪案件认定自首、立功等量刑情节若干问题的意见》的相关规定，丙虽然没有自动投案，但他主动交代办案机关未掌握的贪污犯罪问题与办案机关已掌握的渎职犯罪属不同种罪行，以“自首论”，案件进入司法环节后可由其依法认定是否构成自首。

实践中，纪检监察机关要坚持实事求是的原则，准确把握主动投案从宽的政策要求，综合考虑投案时机、供述内容、供述稳定性等因素，仔细甄别“投而不供”“供小掩大”“先供后翻”等情况，最终确定是否从宽处理。这样才能充分实现该项制度的价值追求。

（周晓天）

（原载于《中国纪检监察报》2020年2月26日）

46. 职务犯罪追诉期限截止到何时

典型案例

江某，B 区某镇财政所出纳。2009 年 2 月 1 日至 2009 年 10 月 14 日，江某利用管理该镇多个银行账户开支的职务便利，先后将公款 160 万元转入其个人银行账户用于炒股。2012 年 12 月，江某从个人账户中取出 160 万元存入镇财政账户内。2019 年 5 月 10 日，区监委对江某有关问题线索进行初核；6 月 1 日，对其涉嫌挪用公款罪立案调查；10 月 20 日，区监委给予江某开除公职处分，同日将其涉嫌挪用公款罪移送检察机关审查起诉。

处理意见

对于江某涉嫌挪用公款罪的追诉期限截止时间应为何时，本案是否已过追诉时效，存在三种不同意见。

第一种意见认为：追诉时效系刑事法律规定，追诉期限的截止时间应是进入刑事诉讼程序之日，本案移送检察机关审查起诉时已过十年追诉期限，因此，不应追究江某刑事责任。

第二种意见认为：监察机关对涉嫌职务犯罪立案调查，意味着国家公权力开始对被调查人所要承担的刑事责任进行追诉，追诉期限的截止时间应是监察立案之日，从江某挪用公款行为构成犯罪之日至监察机关立案之日，未过十年追诉期限。

第三种意见认为：监察机关从初核阶段就对反映职务犯罪的问题线索开展核实，且初核阶段依法收集的证据具有刑事诉讼法律效力，因此，追诉期限截止时间应当是初核之日，本案未过十年追诉期限。

评析意见

笔者同意第二种观点，分析如下。

一、追诉时效的刑法相关规定

追诉时效，是刑法规定的追究犯罪嫌疑人刑事责任的有限期限。超过规定期限，司法机关不能再追究刑事责任。国家设立追诉时效，不是放纵犯罪，而是为了集中有限的司法力量，维护现有的社会生产关系，防止追诉权的无限扩大与延展。关于追诉期限的计算，刑法第八十九条规定，“追诉期限从犯罪之日起计算；犯罪行为有连续或者继续状态的，从犯罪行为终了之日起计算”。这里只明确了计算的起始时间，没有明确截止时间。追诉期限的截止时间是立案之日，还是公诉之日、审判之日，或是初查之日？2017年2月13日，最高人民法院《关于被告人林少钦受贿请示一案的答复》中明确，“对于法院正在审理的贪污贿赂案件，应当依据司法机关立案侦查时的法律规定认定追诉时效。依据立案侦查时的法律规定未过时效，且已经进入诉讼程序的案件，在新的法律规定生效后应当继续审理”。可见，只要在立案侦查阶段没超过追诉时效，即使在起诉阶段、审判阶段超过诉讼时效，依然要追究刑事责任。换言之，追诉期限的截止时间应是立案侦查之日，不是公诉之日、审判之日，也不是初查之日。

二、职务犯罪案件追诉期限截止时间应为监察立案之日

监察机关对涉嫌职务犯罪案件立案调查，表明国家公权力对被调查人所要承担的刑事责任进行追诉，监察立案之日应当作为追诉期限的截止时间。从国家立法上看，宪法和监察法赋予监察机关对涉嫌职务犯罪的立案调查权以及移送审查起诉权，赋予讯问、询问、查询、搜查、查封、扣押等措施，这些权限的设定旨在保证监察机关有效履行调查职务犯罪职能，追究被调查人的刑事责任。

从客观实际上看，国家监察体制改革后，职务犯罪案件办理的模式从传统的“侦查机关侦查——检察机关起诉——法院审理”转变成“监察机关调查——检察机关起诉——法院审理”模式。虽然监察机关的立案调查阶段不属于刑事诉讼程序，但各级监委调查职务犯罪案件的客观事实足以说明，监察机关履行着查办公职人员和相关人员职务犯罪，依法追究其刑事责任的法定职责。

从司法实践上看，司法判决也将监察立案作为认定追诉时效的时间点。陕西省咸阳市中级人民法院作出的（2019）陕04刑终161号刑事判决书，对原审被告人张宝玉提起的上诉作出终审判决，其中，对张宝玉及其辩护律师提出的，张宝玉2004年4月收受刘某甲5万元的行为已超过追诉时效的意见予以采纳，理由是：“根据最高人民法院有关规定，对于法院正在审理的贪污贿赂案件，应当依据司法机关立案侦查时的法律规定认定追诉时效。本案中，原审被告人张宝玉因涉嫌受贿于2018年11月16日被咸阳市秦都区纪委监委立案调查，其受贿行为的追诉时效应依据《刑法修正案（九）》等法律规定认定……张宝玉收受刘某甲5万元的行为法定最高刑为三年，对应的追诉时效期限为五年。”故张宝玉收受刘某甲5万元的行为已超过追诉时效期限。可见，该判决将监察立案时间作为认定追诉时效的时间点。此外，初核是对涉嫌职务犯罪线索进行核实，不具有追究刑事责任的意义，只有经过初核予以立案，才符合刑法上“追诉”的含义。因此，初核之日不能作为追诉时效的截止时间。

三、本案未过追诉时效，应当移送检察机关审查起诉

根据司法解释，挪用公款归个人使用，进行营利活动或者超过三个月未还，数额在五万元以上的，应当认定为“数额较大”。本案中，江某挪用单位公款160万元用于个人炒股，事后已经归还单位，而且被挪用的资金不属于救灾、抢险、防汛、优抚、扶贫等特定款物，数额不满二百万元，其法定最高刑为五年，追诉期限为十年。江某最后一次挪用公款的时间是2009年10月14日，该日即为挪用公款罪追诉时效的起算时间，区监委立案时间是2019年6月1日，所以本案未超过十年的追诉期限，应当移送检察机关审查起诉。

追诉时效的法法衔接问题目前没有明文规定，为有效衔接司法，促进监察调查工作高质量发展，笔者建议：一是在将来的监察法实施条例中明确监察机关立案调查的职务犯罪案件，追诉时效适用于刑法及相关法律、司法解释；增加公职人员和非公职人员涉嫌职务犯罪超过追诉时效的处理方式，对于公职人员涉嫌职务犯罪，但超过追诉时效的，不再移送审查起诉，给予相应的党纪政务处分，对于非公职人员涉嫌职务犯罪超过追诉时效的，予以政务撤案，并责令具结悔过、批评教育、移送相关单位处理等。二是在刑法第八十八条“不受追诉期限限制的情形”及相关司法解释中，增加监察机关立案调查以后逃避调查的，不受追诉期限的限制和被害人在追诉期限提出控告，监察机关应当立案而不予立案的，不受追诉期限的限制。

（陈丽君　重庆市北碚区纪委监委）

（原载于《中国纪检监察报》2020年6月24日）

47. 贪污受贿案件中，如何把握诉讼时效和累计数额

典型案例

张某，中共党员，2008 年 1 月至 2012 年 5 月任某县交通运输局副局长，2012 年 5 月至 2014 年 9 月任某县拆迁办主任，2014 年至 2017 年任某县教育局副主任科员。

2008 年 5 月，张某收取 A 建筑公司 5 万元现金，帮助该公司取得某省道维修承包权。2013 年 6 月，张某通过增加拆迁房屋面积方式，套骗 5000 元拆迁款。2014 年 9 月，张某套骗拆迁款问题被该县纪委查处，张某因此受到党纪政纪处分，违纪款被追回。2017 年底，张某收取夏某 6 万元现金，帮助其经营的幼儿园取得资格，并通过虚开发票贪污公款 3 万元。2018 年，该县纪委监委对张某立案审查调查。

处理意见

针对该案中张某贪污受贿犯罪行为的追诉期限和累计数额产生不同意见：

第一种意见认为：张某在不同部门任职期间，利用职务便利，多次贪污、贿，这些行为属于连续状态，应以贪污受贿的累计金额进行追诉。

第二种意见认为：2014 年 9 月，张某已受到相应党纪政纪处分，且赃款被追回，该贪污违法行为已被处理，不应再追究该行为的责任。

第三种意见认为：张某收受 A 建筑公司贿赂，过了九年之后又收受夏某贿赂，两者时间相差较远，不应认定为受贿持续行为，张某收取 A 建筑公司 5 万元贿赂已过追诉期限。张某于 2013 年和 2017 年的两笔贪污行为应认定为持续行为，且行为均未被刑事处罚，因此，应就张某贪污共计 3.5 万元和收受夏某贿赂 6 万元的行为立案调查。

评析意见

笔者同意第三种意见。

一、关于张某第一次受贿行为追诉期限的认定

刑法第八十七条明确规定，法定最高刑为不满五年有期徒刑的，追诉期限为五年；法定最高刑为五年以上不满十年有期徒刑的，追诉期限为十年；法定最高刑为十年以上有期徒刑的，追诉期限为十五年；法定最高刑为无期徒刑、死刑的，追诉期限为二十年。同时，刑法的第八十八条也对不受追诉期限限制的情形作出明确规定，其中在人民检察院、公安机关、国家安全机关立案侦查或者在人民法院受理案件以后，逃避侦查或者审判的，不受追诉期限的限制。

就本案而言，张某于 2008 年 5 月受贿 5 万元，直至 2018 年才被发现，根据刑法规定，张某受贿 5 万元的最高刑不满五年有期徒刑，其间张某未被立案侦查，张某受贿 5 万元的行为已过追诉期间。需要指出的是，张某后来又于 2017 年受贿 6 万元，根据刑法第八十九条规定，犯罪行为有连续或者继续状态的，从犯罪行为终了之日起计算；本案中，张某 2008 年受贿行为与 2017 年受贿行为是否系连续或者继续状态，是认定张某受贿行为追诉时效的关键所在。

在刑法理论上，连续犯是指基于一个概括故意，反复实施数个可以独立构成相同罪名的犯罪。笔者认为，认定犯罪连续状态应须同时具备以下几个条件：一是主观上须出于一个概括的犯罪故意，二是客观上行为人实施了数个

相同罪名的犯罪行为，三是数个犯罪行为之间必须连续。实践中，判断犯罪行为是否连续，主要基于对行为人主观故意和犯罪行为时间跨度上的认定。本案中，张某虽然两次受贿主观故意相同，但时间跨度长达九年，明显超过了连续期间，两次受贿行为非连续状态。

此外，刑法第八十九条还规定，在追诉期限以内又犯罪的，前罪追诉的期限从犯后罪之日起计算。张某第一次受贿后在追诉期限内没有犯罪，该款对张某也不适用。因此，对张某第一次受贿行为应不予追诉，但应依据党纪政务处分有关规定，与其他行为一并追究其责任，并对相关涉案款物予以追缴。

二、关于张某贪污数额的认定

刑法第三百八十三条第二款规定，对多次贪污未经处理的，按照累计贪污数额处罚。该款中所谓“未经处理”，应为未经过刑事处罚。刑事处罚指的是违反刑法，应当受到的刑法制裁。我国的刑事处罚包括主刑和附加刑两部分。主刑有：管制、拘役、有期徒刑、无期徒刑和死刑。附加刑有：罚金、剥夺政治权利和没收财产；此外还有适用于犯罪的外国人的驱逐出境。犯罪轻微的，人民法院可以判决免予刑事处罚。

党纪严于国法。党员干部违法犯罪必先违纪，纪律处分是党自我净化的有力措施，对党员干部违法行为作出先行处理，是全面从严治党的必然要求。就党内处分来说，其本身是党内的处理措施，而并非刑事处罚。毋庸置疑，张某在 2014 年虽受到相应党纪处分，且赃款被追回，但不应认定该笔贪污行为已受到刑事处理，而张某此后再次贪污，应将该笔贪污数额与后续贪污数额累计进行刑事处罚。

随着《刑法修正案（九）》等法律法规的出台，贪污、受贿案件的量刑标准提高，而与此对应的追诉时效也发生较大变化。监委在行使调查职权时，必须认真审核案件证据材料，既要调查清楚违法犯罪事实，更要核实清楚犯罪行为追诉期限，防止错误追诉现象的发生。

（蔡　亚）

（原载于《中国纪检监察报》2018 年 7 月 11 日）

48. 国有公司人员滥用职权罪中“追诉时效”和“滥用职权”的认定

典型案例

李某某，2010年从某省国有集团公司（A市某国有公司的上级部门）调任A市某国有公司党委书记、法定代表人；王某某，A市某国有公司党委委员、副总经理兼财务部长。2010年至2011年期间，李某某发现该公司连年亏损，为了挽回亏损局面，便与王某某商量，以投资期货市场的形式来为企业赚取利润。李某某与王某某明知省国有集团公司严禁采取投机交易形式投资期货市场，仍然违反省公司的文件规定，未经公司班子会讨论决定、未经审批开设期货交易账户、不指定专人负责期货交易、未定期向省公司报备期货交易情况、违规从事投机性期货交易（省公司文件规定只能从事套期保值交易），给A市国有公司造成8000多万元的损失。事后，李某某指使王某某采取虚开销售发票、虚增库存等形式做假账掩盖损失。2018年12月，A市监委对李某某和王某某立案调查。

处理意见

第一，该案是否已过追诉时效？

第二，李某某和王某某的行为是否能认定为“滥用职权”？

评析意见

本案中认定此罪的关键在于“追诉时效”和“滥用职权”，这两点将直接关系到监委能否对李某某和王某某立案调查，所以需要特别注意。

一、本案没有超过追诉时效

根据刑法第一百六十八条第一款，国有公司、企业的工作人员，由于严重不负责任或者滥用职权，造成国有公司、企业破产或者严重损失，致使国家利益遭受重大损失的，处三年以下有期徒刑或者拘役；致使国家利益遭受特别重大损失的，处三年以上七年以下有期徒刑。根据《最高人民检察院、公安部关于公安机关管辖的刑事案件立案的追诉标准的规定（二）》（以下简称《追诉标准》）第十六条规定，国有公司、企业、事业单位的工作人员，滥用职权，造成国家直接经济损失数额在 30 万元以上的，应予立案追诉。本案给 A 市国有公司造成的损失远远超过 30 万元，监委完全可以立案，但如果认定为重大损失，则处三年以下有期徒刑或者拘役。根据刑法第八十七条的规定，追诉时效为五年，结合到本案，犯罪结束时间为 2011 年，显然已过追诉时效。那么本案是否属于遭受特别重大损失呢？《追诉标准》并未作出规定，司法解释也未予以明确。

但是，《最高人民法院、最高人民检察院关于办理渎职刑事案件适用法律若干问题的解释（一）》第一条规定，造成经济损失 30 万元以上的应当认定为刑法第三百九十七条规定的“致使公共财产、国家和人民利益遭受重大损失”，造成经济损失 150 万元以上的应当认定为刑法第三百九十七条规定的“情节特别严重”。基于滥用职权罪的量刑档次与国有公司人员滥用职权罪的量刑档次一致，滥用职权罪中的“情节特别严重”与国有公司人员滥用职权罪的“特别重大损失”属于同一量刑档次。笔者认为，根据两罪的对应关系及司法解释规定的数额标准，“特别重大损失”的数额标准可以参照确定为立案数额标准（严重损失）的 5 倍，也就是直接损失达到 150 万元就可以认定为“特别重大损失”。在本案中，造成的损失已经高达 8000 多万，应该属于“特别重大损失”。根据刑法第八十七条的规定，本案的追诉时效为十年。因此，本案的追诉时效并没有超过，A 市监委可以对李某某和王某某立案调查。

二、李某某和王某某的行为都可以认定为“滥用职权”

滥用职权，主要是指行为人以不当目的或不法方法，实施违反职务行为宗旨的活动。滥用职权在主观方面表现为故意，明知自己的行为是违反职权规定的，仍然去实施违反职权的行为。认定是否构成“滥用职权”，主要应从以下几方面来把握：

首先，行为人的行为与职权有关。国有公司管理人员的职权是由国有公司章程规定的，在本案中，国有公司的上级部门省国有集团公司对 A 市国有公司的法定代表人和财务部长的职权有文件规定，并且 A 市国有公司的章程中对李某某和王某某的职权也有明确规定。李某某和王某某的行为是利用其职权实施的，给国有公司造成的损失与职权有关。

其次，行为人在履职过程中存在超越职权或者不正确履行职权的行为。本案中，李某某和王某某都是从事与职权有关的行为，但两人都违反了上级部门的文件规定和 A 市国有公司对法定代表人和财务部长的职权要求。李某某在任 A 市国有公司法定代表人期间，未经班子会决议，擅自决定从事投机性期货交易，并且不按照规定设立期货交易账户，也不按期向上级公司报备，在造成公司重大亏损以后指使下属做假账填补亏损，其行为是属于超越和不正确履行A市国有公司法定代表人职权的行为；王某某作为国有公司的党委委员、副总经理兼财务部长，职权是管理和监督公司的财务状况，其明知法定代表人李某某违反省公司严禁从事投机性期货交易的规定，不但没有监督和提醒李某某，而且在没有向省公司报备的情况下协助开设A市国有公司的期货交易账户，在期货账户上转入和转出资金，事后还帮助掩盖犯罪事实，做假账掩盖公司的巨大亏损，其行为也是超越和不正确履行A市国有公司党委委员、副总经理兼财务部长职权的表现。

再次，“滥用职权”并不要求行为人主观上是为了谋取个人私利。实践中，有的同志可能会提出疑问，本案中，李某某和王某某是为了弥补A市国有公司以前年度的亏损，才采取从事投机性期货交易，主观上不是为了给公司造成损失，也不是为了谋取个人私利，能否认定为“滥用职权”？笔者认为，“滥用职权”并不一定是为了实施不法目的，还包括实施的不法行为。即使李某某和王某某起初是为了帮助A市国有公司扭转亏损局面，但是李某某和王某某在明知从事投机性期货交易存在巨大风险，可能会给国有公司造成难以弥补的损失情况下，仍然去违反上级公司明文规定和公司的职权要求，其实施的职务行为的方法是属于不法行为，构成“滥用职权”。

（付　余　西南政法大学）

（原载于《中国纪检监察报》2019年4月3日）

49. 对刘某某定罪量刑是否适用从旧兼从轻原则

典型案例

刘某某，中共党员，B 市某国有公司会计。1995 年至 1998 年期间，刘某某伙同该公司总经理王某、副总经理兼总会计师付某，利用职务便利，为他人或其他公司提供帮助，共同受贿金额折合人民币 604 万余元，其中刘某某实际分得人民币 236 万余元。

2000 年 5 月，刘某某在接受纪委审查期间脱逃。同年 9 月，刘某某出逃国（境）外。“天网行动”启动特别是监察体制改革后，B 市纪委监委加大追逃力度。2017 年 6 月，刘某某持东南亚某国护照入境时被抓获归案。随后，B 市某人民检察分院对刘某某批准逮捕并审查、提起公诉。2018 年 9 月，B 市某中级人民法院作出一审判决，刘某某犯受贿罪，判处有期徒刑十三年，并处罚金 100 万元。刘某某上诉。2018 年 12 月，B 市高级人民法院作出终审判决，刘某某犯受贿罪，判处有期徒刑十年，并处罚金 50 万元。

处理意见

本案中，对于刘某某犯受贿罪，应依纪依法被开除党籍、开除公职没有争议。但是，对于刘某某应被判处有期徒刑十年以内还是十年以上有争议。2016 年 4 月“两高”《关于办理贪污贿赂刑事案件适用法律若干问题的解释》（以下简称 2016 年《解释》）颁布施行后，将行为人因犯受贿罪被判处十年以上的量刑标准从 10 万元调整为 300 万元。本案中，刘某某受贿 236 万余元，是否根据从旧兼从轻原则，适用 2016 年《解释》规定的量刑标准？

评析意见

一、刑法溯及力问题及从旧兼从轻原则

我国刑法第十二条规定了刑法的溯及力。实践中，适用刑法第十二条规定时，仍需针对具体情形进行区分。1997 年 10 月最高人民检察院《关于检察工作中具体适用修订刑法第十二条若干问题的通知》，对发生在 1997 年 9 月

30 日以前，1997 年 10 月 1 日后尚未处理或者正在处理的行为如何适用法律问题，规定了详细情形。

第一，如果当时的法律、司法解释认定是犯罪，修订刑法不认为是犯罪的，依法不再追究刑事责任。比如，已经立案、侦查的，撤销案件。

第二，如果当时的法律、司法解释认定是犯罪，修订刑法也认定是犯罪的，则按照从旧兼从轻原则追究刑事责任：1. 罪名、构成要件、情节以及法定刑没有变化的，适用当时的法律。2. 罪名、构成要件、情节以及法定刑已经变化的，根据从轻原则，确定适用当时的法律或者修订的刑法。

第三，如果当时的法律不认为是犯罪，修订刑法认为是犯罪的，适用当时的法律；但行为连续或继续到 1997 年 10 月 1 日以后的，对 10 月 1 日以后构成犯罪的行为适用修订的刑法追究刑事责任。

本案中，自刘某某案发至其被追回历经 17 年。其间，2015 年 8 月全国人大常委会通过《刑法修正案（九）》，修改了贪污罪的定罪量刑标准、受贿罪适用贪污罪定罪量刑标准。2016 年《解释》颁布施行后，对受贿罪的定罪及量刑数额标准作出重大调整，将行为人在十年以上量刑的标准调整为 300 万元。

刘某某受贿 236 万余元发生在 1995 年至 1998 年，符合上述第二种情形，即当时的法律、司法解释认定是犯罪，修订的刑法也认定是犯罪的，罪名、构成要件、情节以及法定刑发生变化，应根据从轻原则，适用2016年《解释》，即在三年以上十年以下有期徒刑幅度内量刑。

二、对刘某某适用从旧兼从轻原则争议评析

有人认为，对刘某某定罪量刑不应适用从旧兼从轻原则，有两种代表性理由。第一种理由认为，刘某某在被立案后、接受纪委审查期间出逃，主观恶性大，故意规避法律制裁，不应适用从旧兼从轻原则。第二种理由认为，刘某某受贿行为发生在1995年至1998年间，应适用其行为发生时的法律定罪量刑，方能体现罪刑相适应原则，使其得到应有惩罚；适用2016年《解释》，将导致出逃的犯罪嫌疑人被追回后，判处的刑罚反而变轻了，不利于打击犯罪。

笔者认为，以上理由有待商榷。首先，第一种理由认为，刘某某在接受审查期间脱逃，且在长达十七年的时间内没有主动归案等情节，因此才客观上造成了对其可以适用现行司法解释进行量刑的结果。虽然该理由基于朴素法感情对犯罪嫌疑人主观恶性进行批判，但是在法律适用中，从旧兼从轻原则并不能因行为人故意规避或是否有利于打击犯罪而在适用时有所变通，刘某某逃避审查的情节也不能作为对其从重处罚的依据。其次，第二种理由没有正确理解从旧兼从轻原则，而是出于时间匹配观念、简单地适

用行为发生时的法律。一定意义上，从旧兼从轻原则正是解决适用行为发生时法律还是适用现在法律的问题，不能因为时空变迁而在适用时有所变通。因此，对刘某某仍应严格适用现行司法解释作为量刑依据。

需要注意的是，2018 年 10 月 1 日起施行的《党纪处分条例》同样规定了从旧兼从轻原则，第一百四十二条规定，“尚未结案的案件，如果行为发生时的规定或者政策不认为是违纪，而本条例认为是违纪的，依照当时的规定或者政策处理；如果行为发生时的规定或者政策认为是违纪的，依照当时的规定或者政策处理，但是如果本条例不认为是违纪或者处理较轻的，依照本条例规定处理”。在适用时，同样不能因为时空变迁、行为人当时主观恶意以及是否有利于惩处违纪行为而有所变通。

三、适用从旧兼从轻原则导致的追诉时效问题探析

刑法第八十七条、第八十八条、第八十九条明确规定了追诉时效期限的长短及计算规则，比如，法定最高刑不满五年有期徒刑的，追诉时效是五年。根据 2016 年《解释》，贪污受贿罪第一个量刑档次，无从重情节且犯罪数额在 20 万元以下的，是三年以下有期徒刑或者拘役，这个档次追诉时效就是五年。

实践中会产生这样的问题：某犯罪嫌疑人 2010 年受贿 18 万元，2017 年被司法机关立案侦查。如果按照贪污受贿罪旧的量刑标准，18 万元对应十年以上有期徒刑，追诉时效就是十五年。如果按照 2016 年《解释》，18 万元对应三年以下有期徒刑或拘役，追诉时效是五年。对此怎么判断？

2012 年 5 月“两高”《关于办理行贿刑事案件具体应用法律若干问题的解释》第十三条规定，“被追诉前”是指“刑事立案前”。实务界也把“刑事立案”作为追诉时间节点，实践中也依据刑事立案时的法律规定的量刑标准认定追诉时效，如果立案侦查时依据当时法律未过追诉时效的，不能认为依据 2016 年《解释》规定的标准过了追诉时效。上述问题中，犯罪嫌疑人被刑事立案时是 2017 年，依据此时标准追诉时效是五年，显然此案已过追诉时效，不应予以追诉。

国家监察体制改革后，“刑事立案”是否可以解释为包括纪委监委立案？笔者认为，从法理和实践需要来看应当包括，建议在出台相关司法解释时，在具体条文表述中予以明确。

（程　威）

（原载于《中国纪检监察报》2019 年 2 月 27 日）

50. 移送审查起诉后查明的漏罪怎样处理

典型案例

李某，中共党员，A 市某局副局长，分管基建工作。在接受纪检监察机关审查调查期间，李某交代其收受老板黄某 2 万元人民币，并利用职务之便为黄某谋取利益的问题。但至案件留置期满前，审查调查部门始终无法与黄某取得联系。在该案审理期间，李某表示愿意将该 2 万元主动上交组织，并办理了相关手续。2019 年 3 月，李某被开除党籍、开除公职，其涉嫌受贿 120 万元的问题移送检察机关依法审查起诉，涉案款物根据法律和党纪法规作出相应处理。

2019 年 5 月，A 市监委在办理其他案件过程中找到了黄某，黄某主动交代了其与李某之间的经济往来情况。经查，黄某为了顺利承接工程，找李某帮忙。李某同意帮忙，但提出家里装修房子差 2 万元装修费没结，让黄某先“想办法解决一下”，黄某遂取出 2 万元现金送给李某。之后，黄某顺利承接该工程。检察机关已对李某涉嫌受贿案提起公诉，法院尚未作出判决。

处理意见

本案中对于案件移送审查起诉之后查实的李某利用职权收受黄某 2 万元的行为该如何处理产生了分歧。

第一种观点认为：李某的党纪政务处分决定已执行完毕，相关涉案款物经 A 市纪委监委会议决定，均已作出处理。由于已查明李某涉嫌受贿的数额达 120 万元，而补充查明的涉嫌受贿数额仅 2 万元，该笔事实不影响定罪，对量刑也不会产生较大影响，为节约诉讼资源，在征得检察机关同意后可不再移送李某涉嫌受贿 2 万元的事实。

第二种观点认为：李某虽已被“双开”，其涉嫌职务犯罪的问题已移送检察机关审查起诉，但监察机关在找到黄某之后仍应对李某收受黄某 2 万元的行为进行调查、移送。黄某是经李某提出要求后，送给李某 2 万元人民币的，李某积极主动索要财物，是整个受贿行为的发起者，其行为涉嫌索贿。索贿属于受贿罪的从重处罚情节，可能影响量刑。此外，由于法院尚未对该案作出判决，可由市纪委监委会议对该案涉案款物处理发生变化的情况补充作出决定。因此，应将李某涉嫌索贿 2 万元的事实制作《补充起诉意见书》，移送检察机关。

评析意见

笔者赞同第二种观点。

第一，监察机关发现遗漏的职务犯罪行为，应进行调查处理，符合起诉条件的应移送检察机关审查起诉。公职人员被开除前的职务违法、职务犯罪行为属于监察范围，监察机关有权进行调查处理，被调查人当前身份状态不影响监察管辖。本案例中，2019 年 3 月李某已被“双开”，其涉嫌犯罪的问题被移送检察机关审查起诉，监察机关仍有权对李某被移送审查起诉前利用职权收受黄某 2 万元的行为进行调查。监察机关对李某收受贿赂的行为作出处理决定后，应制作《补充起诉意见书》移送检察机关，由检察机关依法补充起诉。

第二，新查明的事实与前期查明的事实同属受贿犯罪，受贿数额和情节发生变化可能会影响量刑，应移送检察机关审查起诉。刑法第三百八十六条规定：“对犯受贿罪的，根据受贿所得数额及情节，依照本法第三百八十三条的规定处罚。索贿的从重处罚。”索贿是指国家工作人员利用职务上的便利，主动向他人索要或勒索并收受财物。其中索要是指行为人在进行职务活动时，采取向当事人以明示或者暗示的方式要求贿赂。李某提出家里装修房子差 2 万元装修费没结，让黄某先“想办法解决一下”，此举可理解为李某向黄某要求贿赂，后黄某送给李某 2 万元。因此，应认定李某主动向黄某索要 2 万元，李某行为涉嫌索贿。由于李某的受贿情节与受贿数额与前期移送审查起诉的事实相比，均发生了变化，可能会影响量刑，为了维护法律的权威和适用统一，应将李某涉嫌受贿 2 万元的事实移送检察机关。特别要说明的是，即便李某没有采取索贿方式收受黄某财物，只要有足够的证据证明李某利用职权收受黄某财物的行为涉嫌职务犯罪，就应将该问题移送司法机关，由司法机关最终确定李某的行为是否构成犯罪。

第三，纪检监察机关对属于涉嫌犯罪所得的，在案件移送司法机关的同时，相关涉案款物应一并移送司法机关依法处理。《中国共产党纪律检查机关查办案件涉案款物管理暂行规定》第三十一条规定：“移送司法机关或者其它机关处理的案件，应当同时移送暂予扣留、封存的涉案款物以及涉案款物清单、已处理凭证等，并办理交接手续。”《中国共产党纪律检查机关监督执纪工作规则》第五十八条规定：“对被审查调查人违规违纪违法所得财物，应当依规依纪依法予以收缴、责令退赔或者登记上交。对涉嫌职务犯罪所得财物，应当随案移送司法机关。”李某收受黄某的2万元，作为涉嫌职务犯罪的所得财物，应随案移送检察机关。如果李某于3月登记上交的2万元，经市纪委监委会议作出处理决定后，已经上缴国库，那么A市纪委监委应将涉案款物清单、已处理凭证移送同级检察机关。待法院判决后，再根据法律法规对李某涉案款物作出相应处理。

该案最终经A市纪委监委会议研究，A市监委制作《补充起诉意见书》，将该起涉嫌受贿犯罪事实移送检察机关，对相关涉案款物处理以会议纪要形式作出书面决定，并将涉案款物清单、已处理凭证一并移送检察机关。检察机关收到《补充起诉意见书》及相关证明材料后，及时向法院进行了补充起诉。

（王　婷　王　嵩　安徽省安庆市纪委监委）

（原载于《中国纪检监察报》2019年7月31日）

图书在版编目（CIP）数据

以案说法：50个职务犯罪疑难问题解析/《以案说法：50个职务犯罪疑难问题解析》编写组编．—北京：中国方正出版社，2023.10

ISBN 978-7-5174-1266-3

Ⅰ.①以… Ⅱ.①以… Ⅲ.①职务犯罪-中国-问题解答 Ⅳ.①D924.3-44

中国国家版本馆CIP数据核字（2023）第212831号

以案说法：50个职务犯罪疑难问题解析

YIAN SHUOFA：50 GE ZHIWU FANZUI YI'NAN WENTI JIEXI

本书编写组 编

责任编辑： 陈金华 张晓双
责任校对： 周志娟
责任印制： 李惠君

出版发行： 中国方正出版社
（北京市西城区广安门南街甲2号 邮编：100053）
编辑部：（010）59594614 发行部：（010）66560936
出版部：（010）59594625 门市部：（010）66562755
邮购部：（010）66560933
网 址：www.lianzheng.com.cn
经 销： 新华书店
印 刷： 保定市中画美凯印刷有限公司

开 本： 880毫米×1230毫米 1/32
印 张： 8.75
字 数： 153千字
版 次： 2024年1月第1版 2024年1月北京第1次印刷

ISBN 978-7-5174-1266-3 定价：28.00元
